U0100524

大展好書　好書大展

品嘗好書　冠群可期

大展好書　好書大展

品嘗好書　冠群可期

形意大成拳系列 1

形意拳

養生與實戰

附DVD

張世杰
趙立文　著

大展出版社有限公司

1984 年，張國良（前中）收首批弟子

與恩師張國良（86 歲，辛健侯的掌門徒，1947 年東北武術擂臺季軍）合影。

恩師張國良練功照

與孫祿堂之女孫劍雲大師合影

與尚雲祥之女尚芝蓉大師合影

與門慧豐教授、
武術家來福合影。

與武術家牛勝先合影。

與武術家潘小杰合影。

與武術家李光憲在本溪合影。

與武漢武術家王勝超合影。

與武友王躍武（右）、石亞平（左）合影。

1990 年，師、徒、孫三輩參加比賽，張世杰為裁判員。

中間坐為國家武術院常務副院長張山，右為丹東武術協主席，左為教練李宏、張世杰。

2006 年，在浙江上虞舉辦的武術培訓班合影。

尚派張氏形意拳濱州首屆集訓班師生合影。

與弟子合影。

在江陰收徒合影。

在煙台弟子的形意拳研習所。

和浙江上虞的入室弟子合影。

作者拳照

俄羅斯學生抖大桿子。

先師霍夢魁所留銀盾。

在 2005 年 8 月，由三家聯合主辦的「形意拳功夫論壇」會上，以精闢的論文講演、精湛的功夫演練、精純的技擊藝術獲得十個一等獎的排名第一。

中武國際、中國功夫雜誌社、中國河北深州市李老能形意拳研究會聯合主辦

JIONTLY ORGANIZED BY CMAIICL . CHINESE TRADITIONAL KUNG-FU MAGAZINE. HEBEI LI LAONENG XING YI QUAN RESEARCH ASSOCIATION

形意拳功夫論壇

KUNG-FU FORUM ON XING YI QUAN

張世杰 一等奖

二〇〇五年八月二十六日

張世杰書畫選

厚德載物

感　言

中國是世界文明古國，有著五千年文化歷史，素有禮儀之邦之美稱，歷來重禮儀，重倫理，重道德。武術在漫長的歷史輪廻演變中，與中華民族歷史文化血肉相連，具有民族獨特風格，是喜聞樂見的一項體育運動。武術是在長時期的勞動人民實踐中而形成，有自衛防暴，強身健體之功能，深受廣大國人青睞。習武不僅習拳腳功夫，更要學它深層次的哲學和倫理思想。武術發展沿革至今，有科學和哲學的內涵，其一招一式視之簡單，或曰無觀賞價值，但實質是技擊功防，凝聚了先輩智慧的結晶。

武術文化可謂精深已極，涵蓋面之廣之精湛，需武術愛好者研究、挖掘和探尋，擔當起弘揚國粹、承前啟後、開創發展的重任。

武緣普照之光，讓筆者相識了尚派形意著名大家張師國良門第高足世杰賢弟。世杰是尚派形意中佼佼者，受恩師悉心傳授，並得其真諦，著有十二形拳經秘笈，精通尚派形意精髓。

世杰雖得其真藝，非視為私有，誠揚國粹為本旨，盡綿薄之力，開山門，廣收徒，不辭辛勞，教授尚派形意技擊拳法。賢弟獲眾弟子認同，真乃桃李天下。世杰為傳播武術執著、無私的奉獻之舉，值武林眾者之共鳴，值愚兄敬佩。愚兄不才，望其共勉，為傳播弘揚中華國粹——武術事業作出更大貢獻。

瀋陽武協副主席　董希昌

序

武術是關於搏擊的學問，但也不僅僅是搏擊的學問。武術是中國傳統文化的一部分，是構成中國人的文化元素之一，是中國特有的體育形式。2009 年 7 月，國家武術管理中心在河南登封召開的武術定義和武術禮儀研討會上，將武術重新定義為：「以中華文化為理論基礎，以技擊方法為基本內容，以套路、格鬥、功法為主要運動形式的傳統體育。」我認為這個新定義比較準確，全面表達了中華武術的內涵，體現了中華武術與其他搏擊術的不同之處，更體現了中華武術的民族性、傳統性、獨特性和豐富性。

據最新統計，按此標準我國共有各具特色、風格迥異的拳種 131 個，並都各自具有強大的生命力，按著自己的師承關係延續著。

武術有著極其古老的歷史，在冷兵器時代，武術是主要的軍事技術，同時也是個人安身立命，建功立業的重要手段。到明清時期，中國武術發展到了最高峰，各拳種都形成了自己獨特的理論和實用練法，並產生了許多新的理論、技法和流派。這一時期，中華武林色彩紛呈，爭芳鬥豔，構成了中華文化最具特色的一部分。但無論其形式如何多樣，拳法怎樣變化，其追求的目標和境界是大體相同的，都強調德藝雙馨。其功能也大體表現在養生、技擊、表演三個方面，而三者以技擊為核心，以養生、表演為特色。武術功能的三位一體是其區別於其他搏擊術的本質所在。中國武術史上真正的大師一定是養生、技擊、表演三位一體的大師。社會發展到了今天，冷兵器時代已成為歷史，在新的歷史條件下如何將優秀的傳統中華武術繼承、發揚下去，已經成為擺在我們面前的一個重要課題。

在眾多拳種中，形意拳是中華傳統武術中最具特色的拳種之一。其拳理系統完整，拳法簡單實用，歷史上名師輩出，具有愛國愛民、尊師重道的優良傳統。其中尚氏形意拳更是風格鮮明，獨步武林。但是由於形意拳根植於中國傳統文化的土壤之中，強調內外兼修，循序漸進，使其看似簡單，但要掌握要領，練出真功夫卻絕非易事。

要練好形意拳除了要遇到明拳理、有功夫的師父外，更需要自身有良好的悟性和持之以恆的苦練，並能深研、體悟，只有這樣，才能保證在新的歷史條件下，全面繼承和發揚老前輩們留下來的寶貴財富，才能不愧對後人。

師兄張世杰與我相識三十年，是我輩中的佼佼者。世杰師兄自幼有緣於武術，不放過任何機會勤學苦練，後拜師伯張國良為師，鑽研尚氏形意拳近三十載，深悟真諦，重視實戰，總結了一套獨具特色的練法，並經常到全國各地交流、授徒，成果顯著，現又將其所學及心得編輯成書，與廣大武林同道共用，確是一件大好事。

蒙世杰師兄厚愛，囑我為序，甚是恐慌，借此機會談一些自己的體會以為序，與大家共勉。同時祝世杰師兄在武學的道路上不斷取得新的進步，願此書能為中華傳統武術的繼承發展作出應有的貢獻。

遼寧省武協副主席　田新

自　序

關於形意拳的書籍，現在市面上已有許多，幾乎各支派都有，但仔細看起來，又都覺得很眼熟……我和弟子所寫的這本書與其他的版本有所不同，無論是練拳養生與技擊實戰都是先前不曾發表過的，過去老師未曾教過的。曾經出版過的或現在拳師正在教的，我只一筆帶過，不去詳細介紹。我們這本書裡融會了張定一、辛健侯、張東生、郎寶印這些尚雲祥早中期的入室弟子及張國良、楊俊秀、夏英久前輩的所學、所悟。本人曾受到李文彬、孫劍雲老先生的指點，又跟過付劍飛（付大劍客）學藝、切磋，再加上走出去在大世界、大世面裡學習、交流、探討，一併將獲得的經驗、心得寫到書中。這本書即講如何養生長壽之法，又講自衛實戰的功夫，並結合當今實際之需要，把表演的動作寫得非常清晰。

練武術有很多老師，老師們又有各種教法，都說自己教得對，又都是所謂正宗，名師傳承……怎樣區分與辨別對不對，那就要在實際應用上來驗證！實戰出真功，現在的功夫有的是養生，有的是表演。如果你學練的動作漂亮、瀟灑、大方，觀眾看得舒服，有美的感覺，比賽裁判員又能打出高分，能夠得獎牌，這樣的功夫是對的，非常好。

但是有許多人學武術不想參加比賽，只想遇事能夠防身自衛，那麼他所學的每個動作，就要由老師講清楚、講明白這個動作的基礎功、基本用法及怎麼發的力，怎樣變的勁，在什麼情況下換的勁，在那個角度或位置上贏的人，發力、換勁時是否能打傷人，是否能制服對方，讓對方懼怕等。

「太極十年不出門，形意當年打死人（當年就贏人）」，這句話沒錯，一點不假！但是怎樣能練到贏人的地步：一是本人要有悟性；二是要有明師給講清楚，講透徹；三是自己的勤奮刻苦加汗水。練功要多問為什麼（不要傻練），過去老師學點東西不容易，老師又怕教錯人，有的老師吃這碗飯，所以很保守，但現在都是為傳承下去。所以現在學練功夫，最好是透過實際應用來檢驗所學的動作好不好用，和師兄弟經常切磋，最好再和生人切磋，實戰驗證一下。儘量不要閉門自修，在小圈子內練或比劃覺得很了不起，外面的天地很寬廣，拳法高手也很多，要經歷風雨見世面。過去很多大師如郭雲深、車毅齋、李存義等都是經過長年在外拜明師、訪高友，互相切磋，探討技藝來提高自己的，並做到了實戰出真功。

夢鄉居士

目　錄

第一章　形意拳溯源

南宋愛國名將岳飛在朱仙鎮大破金兵，金兀朮被打敗北逃，岳飛也正欲乘勝直搗黃龍府救回徽、欽二帝以雪國恥，此時金兀朮派人找曾被俘後被趙構任為宰相的秦檜。

秦檜也說服宋皇趙構與金講和，趙構怕岳飛打到黃龍府，真要救回徽、欽二帝自己皇位不保，於是在 1411 年就用 12 道金牌將北進的岳飛調回杭州，並派秦檜（奸相）與金國談和。

金國的談和條件，「要講和必殺岳飛」，趙構與秦檜以「莫須有」的罪名，將岳飛與兒子岳雲、女婿張憲入獄一年多後在風波亭殺害。

20 年後，趙構、秦檜相繼死去，宋孝宗繼位，查出秦檜叛徒、奸細的行徑，將其掘墓揚屍，也為岳飛、岳雲、張憲三人平反，並追封岳飛為「武穆」。

岳飛在獄中一年多的時間裡，自認為無罪，雖然槍、劍都被沒收，但每天仍以拳徒手習武，練習體會槍的路子，從而悟出了不拿大槍而又近似槍術的武功……岳飛將此拳術寫成書，後來知其不會被釋放，便托其獄卒將書帶走留給後人。

因獄卒怕奸相秦檜追殺，遠逃至終南山，並將遺書送給終南山道觀的道人。因岳飛所練為六合槍法，其拳法也取名六合拳。

終南道人久練有健身強體甚至返老還童之功效，且具戰無不勝之功用。

明末有綠林強盜經常入農莊搶劫，姬隆風（姬際可，山西蒲城人）不敵，全家避難於終南山，時得道人孫齊雲先師薪傳拳術，並贈以岳飛的武穆拳譜。姬公習後武功大進，回蒲城大敗強盜，誅殺盜首，得武林人士敬仰。

姬公傳曹繼武和馬學禮及子姬壽，馬學禮傳河南一支，曹繼武傳山西祁縣戴龍邦、戴陵邦兄弟，戴氏兄弟復傳戴文英、戴文雄（二閭）兄弟及河北深縣李洛能。

戴龍邦傳於山西祁縣的稱為六合拳或心意六合拳，用的也是側身弓箭步，但在技法上都強調了意識、呼吸、勁力和動作的內外相合。以丹田為本，以意領氣，手腳相合，攻防一體。動作從自然輕鬆入手，由慢而快，逐步練出內外合一的內勁來。

這種內勁發自丹田，運至周身，具有實效的爆發勁。從這些技法要領來看，戴龍邦由重視動作和招法的傳統拳術中已轉向對內意、內勁、神和氣的運用。這一較大的轉折，是戴龍邦先生的偉大貢獻。

李洛能學自山西戴龍邦，傳入河北，改名形意拳，他就是此拳發揚光大的鼻祖。他不僅充實改進了用似斧、似電（似閃），似箭、似炮、似彈之形，反映劈、鑽、崩、炮、橫這五拳之意和生、克制化之理的五行拳；又把十大形、七小形的外形內意，象形取意更趨精煉的十二形，這就是形意拳命名的根據。

他改掉了側身弓箭步，代之以兩腿彎曲，前三後七，或前四後六的夾剪勁的雞腿和進身與後退的槐蟲步，身體似正非正，似斜非斜，具有雞腿、龍身、熊膀、虎抱頭的「四象」外形和內意，並將此三體式作為母式。

李洛能前輩深入精微，窮其奧秘，在技法上達到「拳無拳、意無意，無意之中是真意」的造詣，能不見、不聞、不意而發，步法出神入化，被武林稱為「神拳李洛能」。

老先生除了使這一拳種的外形內意以至技術理論更加精湛外，還能破除保守，廣開藝門，乃至門下名家輩出，傳播廣泛，現以遍及海內外。

他的弟子宋世榮、車毅齋被後人稱作「山西派」；而郭雲深、劉奇蘭則成為河北一支的一代宗師。

後來文安的董海川（在肅王府當差）與郭雲深比武，及與劉奇蘭探技，得肅王賞識，在肅王的倡議主持下三人結為金蘭。後來凡是習八卦掌的都會形意拳，練形意拳的人都懂八卦掌，形意、八卦冶為一爐，彼此相輔，相得益彰，無須再分界域。

後人講形意、太極、八卦為一家，三種拳都為內家拳，是一個拳理，並且相通。

現在各地所練形意拳雖同出一源，但因個人師承和才智、理解的不同，也就有了很大的差別。

尚雲祥自幼慧穎強識，勤奮過人，得師中華武士會的創始人單刀李存義先生的傾囊傳授，其後復得「半步崩拳打遍天下」的郭雲深老先生的厚愛，親傳衣缽，深得形意真諦，繼承老先生的「半步崩拳」、「丹田氣打」、「抖大杆子」三大絕技，並對所學有所改變，藝尤精進乃至藝冠群英，自成一拳系——尚派形意拳。

第二章　形意拳基礎

一、三體式和鷹捉的練習

形意拳的練習者一般都先站（三體式）樁，然後練五行拳（劈、鑽、崩、炮、橫），再練十二形套路拳及長短器械。尚派形意拳又單獨多了一下鷹捉，作為五行拳之母拳，並有其獨特的練法。

站樁說法很多，有站了半輩子沒站明白的；有練了二十多年形意拳的朋友，伸手（和人動手）還挨打，摸手還挨摔。

其原因有幾種：（1）本人不吃功夫，不務實，三天打魚，兩天曬網；（2）老師保守，輕易不教，或怕學生闖禍；（3）所謂的老師也不會什麼真功夫，沒有真傳，講不清拳理，結果誤人子弟。

凡是要練武的沒有笨人，但怎樣才能學好形意拳呢？如何能把所學的形意拳功、法運用到實戰中去？

首先要找個好老師，或者是個明白人，弄懂人體幾何學、人體力學關係好人體的機械運動原理。要科學地去練，不要迷信任何人，或什麼家傳等，有很多老武術家自己不錯，可是後代或學生一個都沒練出來，原因是自己傻練出了點功夫，但講不出來，講不明白（或者自己先天條件好，而後人不具備好的條件）。

站樁有許多種，幾乎每一種樁功都有益於養生，也都能強壯身體，但不是站什麼樁都能應用於技擊當中去。形意拳常練的樁功有三體式、馬步樁、渾元樁（渾元樁有臥、坐、站、動、走幾種練法，特別適於養生）等。站渾元樁時也必須要明白動功的練法，因其實戰性很強。因地區、派別的不同，三體式的站法也有所不同，但總的可以分為三種站法：技擊樁、養生樁、功夫樁。

有很多人站的是養生樁，一次就站近半小時，這種練法鍛鍊身體可以，但不適於技擊。因為很多人都是利用業餘時間練習傳統武術（沒有哪個專業隊來專學傳統武術的），幾乎都是每天早晨一個多小時，晚上如果有時間再練一個多小時，加在一起每天最多三個小時左右。站樁早晚占去了一半時間，研究拆手技擊就沒有多少時間了。

只站養生樁，不懂技擊樁法，也練不出實戰實用的功夫來。形意拳的鼻祖李洛能講：「萬法皆出於三體式」，「樁功是個寶，得它才能好。」三體式和鷹捉，一個是母式，一個是母拳。會不會用，怎樣才能用好，是否能學以致用，是實戰中立於不敗之地的關鍵。

形意拳先賢和高手們發人幾如草芥，威力驚人。他們的威力之根在腳，發於腿（趟踢勁和挺勁），主宰在腰，三體式樁功正是它威力的基礎。郭雲深前輩三體式一站，令五位壯漢各持一根臘木杆一齊用力頂其腹，郭前輩丹田一省氣，將五人摔出丈外。

尚雲祥先生教站三體式時要求：拔背、沉肩、墜肘、併膝（夾剪）、提肛、裹胯，做到「三圓」、「三扣」、「三頂」即可（不用做到頂、扣、抱、圓、敏、垂、曲、挺）。「三圓」：手心圓（掌心回收的橫撐力大），手背圓（力貫於指），虎口圓（使手掌控制面大而有力）；「三扣」：齒叩（有勇在骨，切齒則發），手扣（可使勁達於手，氣貫梢節），腳扣（勁達下肢，氣貫腳趾，增強樁基之力）；「三頂」：頭頂（有沖天之雄，加之氣沉丹田，身軀之伸拔使「三關」易通），舌頂（舌頂上齶，津液增多以潤咽喉，順氣養身），手頂（手指有如木棍或似鐵棒之硬，練就金剛指之功，練就推山之力）。

如果學會技擊樁的站法，每次能站 3 ～ 5 分鐘，再練定步鷹捉、進步鷹捉。

練定步鷹捉單操時，出拳要有捧勁，要扔出抖擻勁；在出另一拳時，前拳不要往回撤，必須等到兩拳重疊時，同時翻為陰掌（掌心向下）螺旋擰裹地急速打出和撤回，前掌高度由齊於眉到平於胸有了落差，也就形成了像波浪一樣向前湧進（翻浪勁），這時身體不要長個，後腳蹬地把勁反到前手上，蹬地的瞬間也就出現了作用力與反作用力的關係（圖 2－1，圖 2－2，圖 2－3，圖 2－4）。

定步鷹捉每次從 50 餘次開始練直到能打到 200 次以上，功夫就大成了，伸手邁步基本就可以放人於丈外。

再練進步鷹捉時要注意雞形腿的功夫，邁步的幅度儘量要大一些，速度要練快一點，前腳要有蹋趟勁，前膝要有頂勁，但要注意不能形成前弓步，擰腰順胯的瞬間後腿的勁全反到前手上，爭取練到「急如風、快似箭，打倒還嫌慢」的境界。

「鷹捉四平，足下存身」，上身不可前俯後仰，不可左右歪斜，要重心平穩。上肢「三催」勁要順，氣貫到

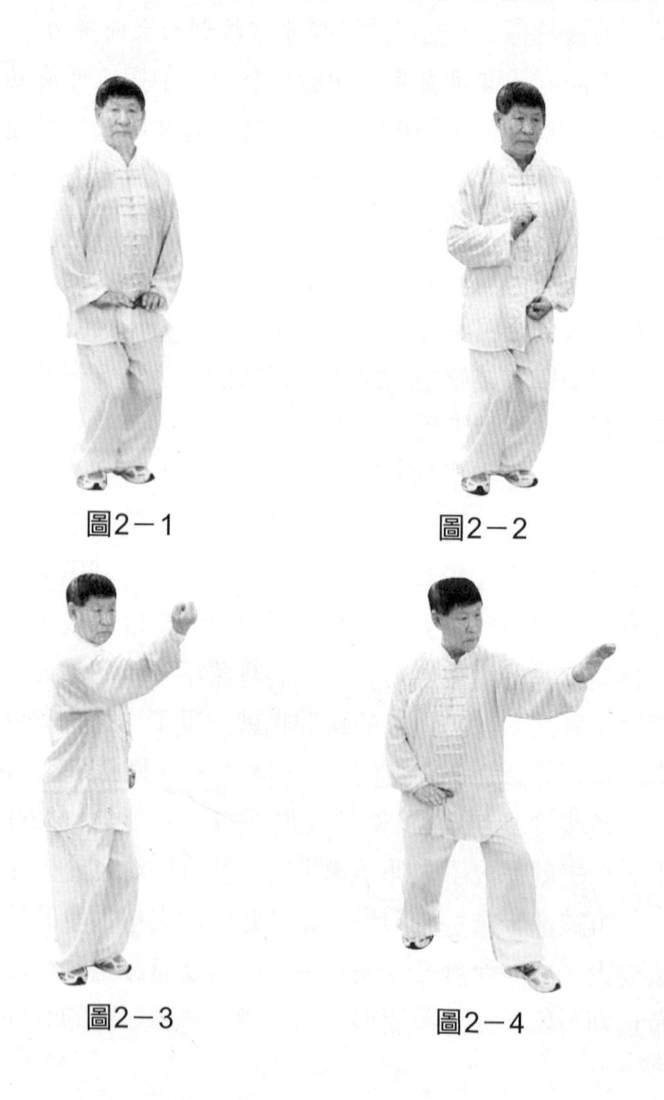

圖2－1　圖2－2

圖2－3　圖2－4

手。要學會「兩腿相夾，磨脛而行」的雞行步，要有「龍身三折」的腰胯之順、整、合勁，練出熊的「垂膀力大」的功力特點，使上肢「三催」勁整力大；要學會虎的撲食之勇和「虎未撲食頭先抱」蓄力待發的技巧。

形意拳講究「肘不離肋，手不離心，出洞入洞緊隨身」，出手既「顧」又「打」，無懈可擊。「腳打踩意不落空，消息全憑後腳蹬，與人鬥勇無須備，去意好似捲地風」，在練鷹捉或是與人交手時，邁步踢打的勁和落地生根的踩勁必須要練明白，前腳的踩勁到位，一擰腰順胯，後腳的蹬勁就會將對方挺起，如果速度特快如同捲地風一樣，就會產生摧枯拉朽的威力。

鷹捉連續練法：先左式鷹捉（同圖2－1、圖2－2、圖2－3、圖2－4），由圖2－5，接右式鷹捉（圖2－6），再左式鷹捉（圖2－7、圖2－8），如此連續不斷。轉身練習圖2－9至圖2－15，收勢（圖2－16、圖2－17）。

圖2－5　　圖2－6

圖2－7

圖2－8

圖2－9

圖2－10

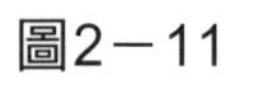

圖2－11

圖2－12

圖2－13

圖2－14

圖2－15 圖2－16

養生樁：適用於中老年養生祛病鍛鍊身體，可以行走大小周天，時間長了，可以延年益壽，根基也可以穩健，但出功夫慢，不是技擊之用。

圖2－17

功夫樁：前三後七或前二後八，腿上出功夫。久站這種樁可使腳的根基穩（但前腿的頂力較差），重心不在當中，發力時挺勁相對較弱。另外，重心太靠後，前腿被掛就會失去重心站不穩，加之啟動較慢，對技擊實用性不強。

技擊樁：頭頂（百會穴）與前腳尖、後腳跟三點形成近似於等腰三角形（穩），擰腰順胯，前膝頂住 45° ～ 50° 之內的角。身體不要有起伏，前手肘部下沉，肘和肩呈現挺勁的兩個受力點，前手指高與肩平，小臂與胸平，這也是人體的最佳發力狀態。這種樁法不丟一點力，起動又快，還不輸摔跤的絆子。後手應在下丹田左右一拳的位置，手指略高一些。後膝要內扣，有夾剪勁（像剪子的兩個刃口，不要太鬆，剪東西才好使），在順成一字胯時，後手也就按在胯外，正好可接對方踢來之邊腿（起到護胯的作用），前手打對方上肢任何部位，都可以將對方擊倒。這種技擊樁的站法，科學地體現了人體幾何學、人體力學及人體機械運動的原理。

在站技擊樁時，不要傻站，要一邊站樁，站兩、三分鐘就打幾下拳（鷹捉、劈拳都可以），然後再換到另一邊站，再站個兩三分鐘也打幾下或幾十下，再換到另外一邊站，這樣是又出功夫，又站明白了三體式。因為打拳到不動就應該是標準的三體式（李洛能曾說過步步都是三體式）。踩勁必須要練明白，前腳的趟踩勁到位，一擰腰順胯，後腳的蹬勁就會將對方挺起，如果上步速度特快，如同捲地風一樣，就會產生摧枯拉朽的威力，伸手邁步間，即可將對方打得離地飄起（就是人們常說的將人打飛）。

技擊樁站明白，鷹捉功夫又練出來了，就要在技擊手法上多研究研究，研究出手要有螺旋、擰裹勁，兩條胳膊像是兩條蛇一樣，在遇到對方打來的手（拳）或胳膊，要像蛇繞纏樹，或是蟒蛇絞殺獵物一樣，先將對方的勁化開，再用擰、旋轉的直勁擊打對方，也就是形意拳第三層化勁的練法（明勁、暗勁、化勁）。另外，還要學會用丹田之氣的抖擻勁來催動你的手臂去放人擊打，這就是「以心行意，以意行氣，以氣催力」內三合的整勁。如果沒有丹田之氣，不會丹田的抖動行氣，那就不是內家拳，其腰、腿、胳膊之動和外家拳沒有區別。

學會聽勁，懂得變勁——什麼時候變，怎麼變。現在很多人，練鷹捉（劈拳）打出的都是推勁或者是銼勁，這種練法如果是原動力大、身材魁梧的人練還可以；但身弱體小的人就一輩子也練不出來放人或贏人的絕技。所以有很多練銼勁的人練了二三十年也沒多大出息，和人動手還挨打；有的甚至灰心，不想再練形意拳了。

聽勁、變勁主要是常和老師、師兄弟在一起摸手、餵招、實戰中練出來。打拳時要懂得放鬆，在放鬆中練出抖擻勁。打拳要有捧勁，勁要扔透，但絕不是強勁。和對方過招時，對方力大自己捧不住了，胳膊螺旋一轉，對方的勁就被化開（就像人踩在圓管上，圓管一動人就跟著前傾或後仰），再上一步或變一招就把對方贏了。

鷹捉在技擊中進可以打，退可以打，拗步、斜著、轉圈都可以打，單手、雙手、高低位置全可以打，變勁、換位，打法就更多了。

鷹捉有定步、進步、退步、拗步、搖轉、磨盤、轉身（回身）等多種身法的練習。其中有很多一招制敵休克的打法。鷹捉轉身的練法應該是鷹在運動中的轉身技法（劈拳轉身是扣步轉體出鑽拳，屬於撥架防守的姿態），轉身鷹捉是後手撥化，前手順勢買下或撥打下對方來拳，直摸對方的後腰，並上步後手直打對方前胸（有個合勁），將對方擊倒。也可用頭、肩靠打對方前胸將對方擊出丈外，或用擺頭的動作將對方摔倒（此手法在摔跤中叫抹腰鱉）。

尚派形意拳講究不招不架就是一下，對方只要一伸手，我買下或撥化開其來拳，伸手邁步間就可贏對方。許多前輩，尤其張定一、辛健侯、趙克禮、靳雲亭老前輩更講沾上倒、碰上飛，伸手邁步就打人。如果做不到這點，可能就是練得不精，功夫沒到，或者沒練明白。

鷹捉從伸手到回來，應該有撥化、翻打、驚炸（換勁）、捋帶、勾掛、撩挑六種勁一下體現出來，這也是形意拳第三層化勁的練法。學習者如果真的肯下工夫，老師可以從明勁、暗勁、化勁一起教，再講明白哪個位置是人體的薄弱環節，哪個要害位置架不住打，比如：人的膻中、鳩尾穴（心口窩）、人脖子處的頸動脈、人的心臟、兩個腎臟；再加上打人發力時怎樣換勁，將力直透對方身體，等等，就能達到出神入化的境地。

二、劈　拳

五行以金為頭，五行拳以劈居首。劈拳之形似斧，以小臂發勁，其勁整而宏大，人所難禦。劈拳用前臂中節發勁，所以有「劈拳肘打」之說。

現在有許多人將練的鷹捉說成是劈拳，這是沒有道理的。尚雲祥先生終生只練形意拳，對拳理追求深遠，練拳有理有據，故認為劈拳是用拳劈而非用掌，同時尚派形意拳另有一趟鷹捉，也是作為形意入門的築基功夫。

劈拳歌訣

劈拳似斧性屬金，生鑽剋崩妙絕倫，
體為皮毛鼻通肺，小臂發勁勁乃神。

【練　法】

1. 以左三體式（鷹捉）開勢（圖 2－18、圖 2－19），左手變拳回拉立拳於心口前，右手變拳，拳心向上橫於下丹田處。左腳同時撤回靠於右腳裡踝成雞形腿，左腳快速趟出踩落。左拳也急速向前上方外旋鑽出（橫勁），小指翻天與眉同高，鬆肩墜肘（圖 2－20）。右腳提起靠於左腳裡踝（磨脛），向前趟出踩落，左腳跟進半步落地（成右三體式樁步）。右拳由丹田處上提，從心口沿左小臂向前與左拳相疊時兩拳同時螺旋右拳往前劈出，左拳急速回拽停于丹田左肋旁（圖 2－21），右拳回收於丹田肋旁抱於心口處。右腳同時回收靠左腳裡踝再趟

圖2－18

圖2－19

出踩落。右拳向上前方外旋鑽出，小指翻天高與眉齊（圖2－22），鬆肩墜肘。左腳趟步向前踩落，右腳跟半步成左三體式。左拳起於心口，向上前方急速劈出；右拳急速拽回，要有勾、捋勁（圖2－23），也就是前手打人後手使勁。如此繼續練下去（交替地練）。

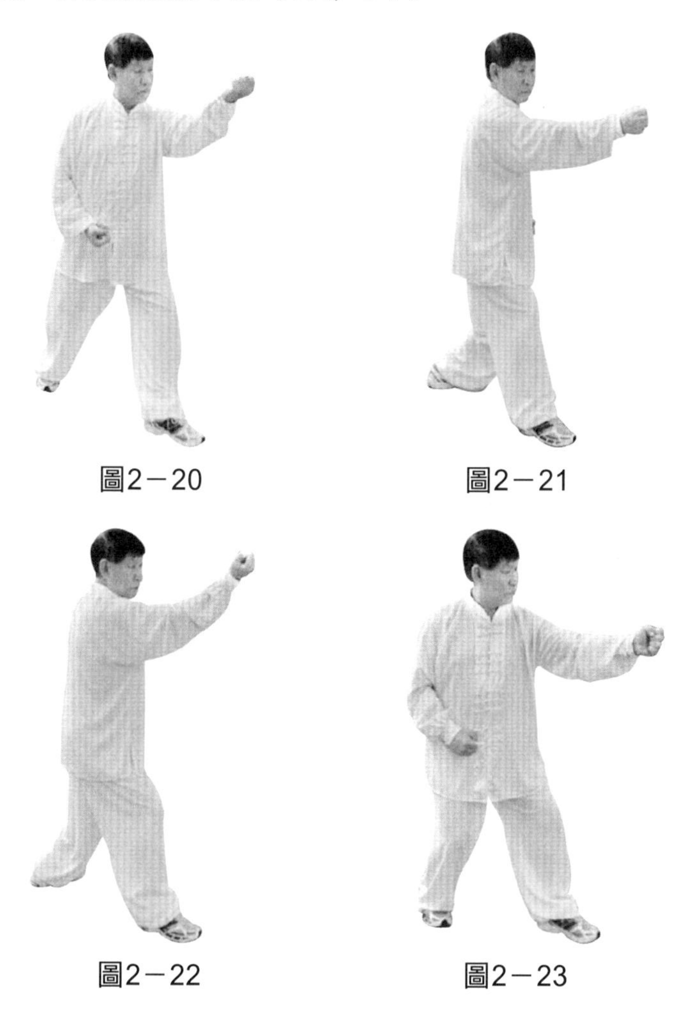

圖2－20　圖2－21

圖2－22　圖2－23

2. 劈拳的回身式。左劈拳後向右半轉身。左腳往裡扣，與右腳成八字。左劈拳收回於下丹田處，兩拳心同時向上為陽拳。原地右轉身，右腳再提起回收，再上步趟出。右拳也再劈出，直至練到左三體式時（圖2－24），再兩拳向外向上劃弧至與眉齊高時（圖2－25），向下收至胸前，拳心向下按落。左半轉身成正身面對前方，右腳上半步與左腳齊，直膝立正收式（圖2－26）。

圖2－24

圖2－25

圖2－26

【要　領】

拳經上說：「起為鑽，亦可為橫（橫即是拔化的抖擻勁），落為翻。起亦打，落亦打。起落如水之翻浪，方是真起落也。」翻浪勁貫穿形意拳的始終。劈拳的一鑽一劈自然少不了翻浪勁。

師祖尚雲祥曾言：「不懂起落，就是傻練。」一語道破天機。所以翻浪勁是形意拳的根本，劈拳勁路也含有翻浪勁的成分。

劈掌此勁起於腰，順於背，由沉肩墜肘，順胯抖腰而傳於肘前小臂。胯略一坐，小臂將此勁順勢發出。從外表看，只是小臂經前劃一弧，卻不知這一弧卻藏有劈山斷石的萬鈞之力。

【用　法】

劈拳練法雖然簡單，但是非常實用，只要一伸手、一邁步，不管對方怎麼打來，你只需一鑽亦橫（化勁）一劈，就可以結束戰鬥。

如你主動進攻，鑽拳直擊對方頭部、下頜，若對方不閃，你直打；若閃，你再上一步，另一拳正打對方前胸或兩邊鎖骨，可將對方劈倒，也可將對方擊退數步。

如對方格架你前一拳，那你前手一沉，勾帶回拽對方之手（回手如勾杆），同時另一手一劈就可勝對方。

不論你是防守反擊，還是主動進攻，使用劈拳都要近身而發、沾衣縱力。先師講：「打人如接吻，打法定要先上身，手到腳到，打人如蒿草。」

三、鑽 拳

五行拳排在第二位的應該是鑽拳。一般形意拳愛好者都喜歡按劈、崩、鑽、炮、橫的順序練，唯有尚派形意的練法是按五行相生，即金生水、水生木、木生火、火生土、土生金的順序來練。這種練法比較合理，更有益於養生長壽。

五行拳練法差異比較大的就是鑽拳，因派別較多，傳授亦有別，大概能有十多種練法。有一步一鑽，有一步兩鑽，有一裹一鑽，有一壓一鑽等，每種練法都有益於健康，拳術在發展過程中，個人根據自己的領悟而有所創新是正常現象，尚派形意的鑽拳就有自己的獨特拳理解釋和技法。

鑽拳歌訣

鑽拳似電性屬水，生崩剋炮若閃電，
在體為骨耳通腎，摟臂抖腕腰勁催。

【練 法】

左三體式鷹捉開式（圖2－27、圖2－28、圖2－29、圖2－30），然後左手外旋成掌心向上，右手變拳（陽拳）。腰向左轉，左腳撤回停於右踝內側成雞形腿。同時，左手向右裡側弧形鉤掛，變勾摟手，停於左胸前。右腳蹬地，左腳趟進。左勾摟手變立掌，從外向前向裡撥開對方（抖勁）立掌，指尖高不過眉，停於前方（鼻尖、食指尖、腳尖相對）。左腳蹬地，右腳趟進，左腳再跟半步成三體式樁。

同時，右拳貼身由心口處向前上方斜鑽出，經由左立掌虎口處；左立掌急速撤回，變陽拳收拽回左腰間（圖2－31、圖2－32、圖2－33、圖2－34）；右拳變掌，掌刀切打，往回鉤掛撤回至胸前。同時，右腳也

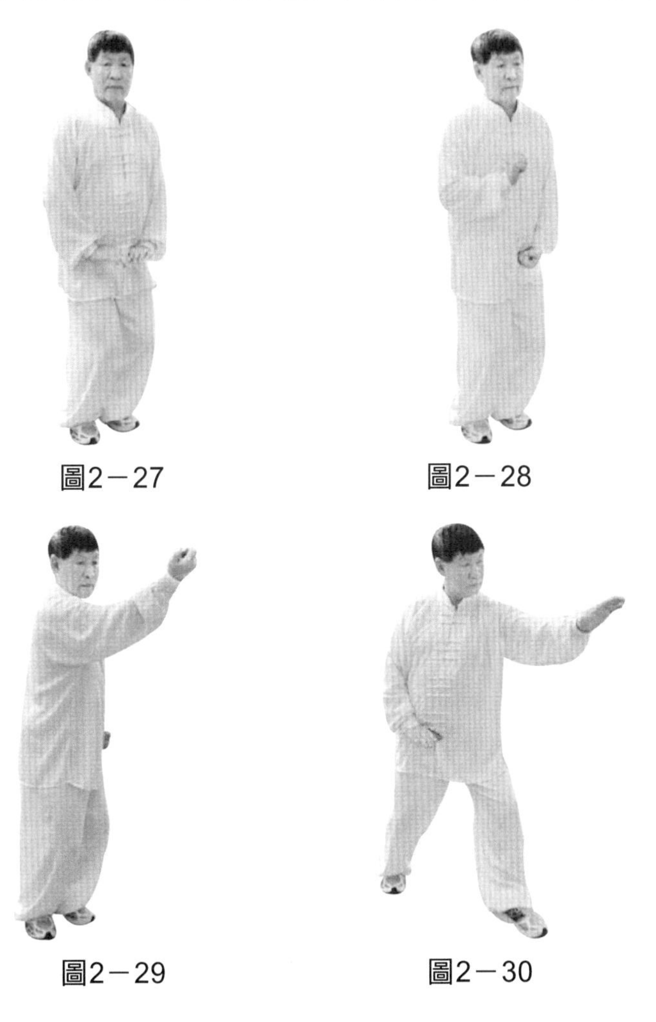

圖2－27　圖2－28

圖2－29　圖2－30

撤至左腳裡踝處成雞形腿，再向前趟出。右掌再劃弧向前上方抖出（整個動作是閃電手，抖包裹勁）。左腳也上步。左拳再由下向前上方經由右立掌虎口處鑽出，右掌再急速撤回變拳（圖2－35、圖2－36、圖2－37）。

圖2－31　圖2－32　圖2－33

圖2－34　圖2－35　圖2－36

如此接連練下去。左鑽拳打完後回扣左腳，兩腳成內八字，再轉身上右腳。同時，右拳由下變立掌向上方抖出（圖 2－38），再打出左鑽拳（圖 2－39）變左三體式，收式（圖 2－40、圖 2－41）。

圖2－37　圖2－38　圖2－39

圖2－40　圖2－41

【要 領】

拳經云：「鑽拳似電屬水。」尚派形意認為，「似電」是指自然界的閃電，是閃電之形，還要有如電的速度。若講速度，形意拳練時不如外家拳如流星般的一味求快。翻子拳、通背拳、劈掛拳、螳螂拳都是以快見長，但形意鑽拳即要與之爭速度，同時也要在技巧上求變化，達到電閃雷鳴帶下雨的效果。

五行拳練習主要求氣順，求勁力合練，是無堅不摧的整勁。形意拳用時也要快速，「起如箭，快似風，追風趕月不放鬆；起如風，快似箭，打倒還嫌慢」。但這時求快，不光是鑽拳求快，劈、崩、炮、橫無不求快，所以鑽拳似電只講「快」則不完全對，還應有「似閃電之形」。閃電過後即聽雷鳴，可見下雨，也就是前手下滑，虎口含住對方手腕，抖摟出對方膀臂，直打對方臉面，使對方流淚；手重可使對方流鼻血。

為體現閃電之形，尚派的鑽拳在第一手打出之前，多了一個前手往回鉤掛，這一掛是「捋、刁」勁。跟著這手，再向外向前往裡摟打，這一摟打是「抖包裹勁」。掛、摟連環就成了「似閃電之形」。這一招尚派門中叫它閃電手。所以，鑽拳的精華是在這「閃電手」、「抖包裹勁」上，而不是後手的鑽發之拳。

【功 用】

說閃電手、抖包裹勁是鑽拳獨特之處，恰恰合了拳經的本意，經云：「內通於腎，外竅與耳，在體為骨。」那麼鑽拳練腎應該是其要義所在。

尚派形意強調以腰發力，鑽拳的閃電手、抖包裹勁正是靠腰的回環（折合）抖轉來發力的。手上劃一個圈，腰部也同時折合，擰抖使腰部得到充分的運動。再加上後手鑽拳發出時逼腰發勁，就能使腰部強壯，腎水充足，對養生保健、益壽延年有極大的好處。特別是腎強可改變人體的性功能，對一些老年性功能衰退的人有一定的治療作用，久練鑽拳強過吃補腎的營養液。

【用　法】

抖包裹勁是形意拳中一項較重要較典型的發勁方法，其勁橫由外向裡，先外擺再裡合，抖撥發勁，如包裹物體一樣。拳經曰：「如包裹不露。」裡裹時沉肩坐胯意在虎口，是亦顧亦打的技法。形意拳縱向發力多，橫向發力少，包裹勁就是這少有的橫向發力之一。

鑽拳後手鑽出之拳要以逼腰的勁力發出，即要有鑽打又有前頂之意，萬式有一頂。形意拳的頂勁不可忘，這一拳鑽出「如水上翻，力自丹田而發」，那麼這一拳就不是靠手臂勁而是全身的整勁發出，單靠手臂勁則成了拳擊中的上勾拳。鑽拳發出要突然猛烈，尤其要巧妙。實戰中鑽拳往往為刺面掌，突發快收，探敵虛實，攻擊要快，懾敵心神，而且往往一鑽即崩，木由水生。

鑽拳經常以敵雙目、鼻、咽喉等處為目標，常以出其不意而建功。與崩拳、炮拳相比，鑽拳更重視一個「巧」字，久練鑽拳能去僵拙為靈巧，使人體運動更協調靈敏，這才是鑽拳似水的根本含義。鑽、崩、炮是形意拳攻擊最為常用的手法，鑽拳地位可想而知。

四、崩　拳

說到形意拳的技擊法，就不能不提到崩拳，武林中人都知道崩拳厲害，認為崩拳是形意的看家拳是有道理的。如果明白拳法理論，練法正確，發力順達，崩拳確實能練出一擊必殺的威力。

形意門中擅長崩拳的高手很多，最著名的先有郭雲深半步崩拳打遍天下，威震武林；後有尚雲祥以崩拳之技橫掃武林，從無敗績。所以習練形意拳的人無不苦練崩拳。

【練　法】

崩拳以左三體式站立開式（圖2－42、圖2－43、圖2－44），先是左、右小臂向外擰轉變拳，雙拳拳心向上，左小臂平與心口齊（圖2－45），右拳急速由後向前，經左手肘窩上部往前，到雙拳疊一起時擰腰發力。左腳向前趟出（欲將前面所有阻擋之物踢飛之力、之意念）踏落

圖2－42

圖2－43

（圖 2－46），再接左式崩拳（圖 2－47）。雙臂螺旋，右拳向前崩出，將勁力放透，左手在前其形就像弩一樣，而急欲崩出的右拳猶如弩上之箭。前手似弩，後手弩上之箭一發，定將獵物穿透。

過去因為沒有電，也不知電鑽鑽物之效果，現在科學

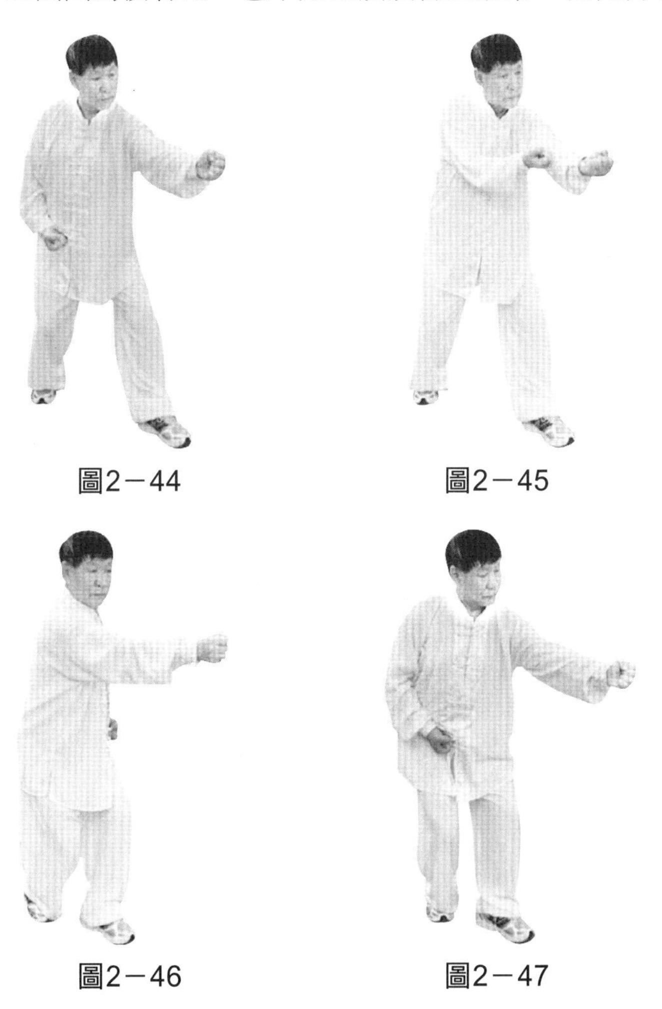

圖2－44　圖2－45

圖2－46　圖2－47

地講，崩拳之實用更像電鑽鑽門板一樣，黏上、旋轉、發力，打透對方。左拳用力回收至腰間。右腳跟上置於左腳後，成小三體式，右膝緊抵前左膝窩。再上步還是如此，只是變換拳頭。一直是左腳在前，右腳跟步；或者右腳在前，左腳跟步，兩邊都應該練熟。

【要　領】

崩拳的發力是腰催肩、肩催肘、肘催手的三催勁，是典型的根節發力。足蹬地面獲得一個沿跟、腿而上的反作用力，該力傳導到腰時擰腰，使這股力量得到一個平面旋轉的加速作用（這是人體的機械運動原理），等於是用擰腰的力把肩送出去，再用這股力推動肘部前移，把力放出。右拳打出的同時左拳用力後收，一放一收，左右開成一對力偶，加大了擰腰的力量，使勁力更加完整。這就是形意拳常說的：「前手打人，後手使勁。」學者初練時有些彆扭，但是練順了就威力無窮。只要你肯練個兩三年，一定能有極大的效果。崩拳迅猛剛實勁力沛莫能禦，其一擊必殺的奧妙便在於此。現在練形意拳的人都在練崩拳，但很多人打出的都是劈勁，一拳一拳都像砸東西似的，另外勁力很短，也沒有穿透勁。

【功　用】

久練崩拳對肝臟及眼睛都有好處。

【用　法】

我所練的崩拳是一隻胳膊螺旋勁由外向裡旋轉地擊打，如遇對方格架，正好被旋轉化開；如對方後撤一步（退到你打擊範圍外）再出拳打你，你的拳由裡向外再擰裹，剛好撥化開對方來拳，同時你的另一拳又由外向裡旋轉，如同手電鑽一樣將對方穿透。這樣兩隻手臂、拳頭一直都在旋轉、擰裹地打出，才是真正打人的崩拳——一擊必殺。

拳經云：「崩拳之形似箭屬木」，「內通於肝，外竅於目，在體為筋」。其形似箭，說明拳是直出直入，道即近，手又快，而且在「腳踏中門搶低位，就是神仙也難防」下，它的進步不僅徑捷而且力猛，再加上「沾衣縱力」，不論是近擊重創，還是遠打輕放，用崩拳都非常方便。

五、炮　拳

炮拳剛猛激烈，氣勢逼人，拳經云：「炮拳之形似炮屬火。」內通於心，外達於舌，在體為血脈，居五形拳之四，其行進路線為鋸齒形，曲線前進。

傳統氣功中潛志以求的「心腎相交」、「水火既濟」，都為練心火與腎水起保健作用，炮拳正是大可利用的動作之一。

尚派形意的炮拳，雖步走曲進，但每步仍具前趟後蹬之勁；上拳既有擰、滾、撥、化之勁，中拳則有擰、裹、蓄力、抖腰而發的特點，所以說別具風格，與眾不同。

炮拳歌訣

炮拳似炮性屬火，生橫剋劈拗步活，

體為血脈心主舌，擰轉火機物必落。

【練 法】

1. 拗步左炮拳

左鷹捉開勢（圖 2－48，圖 2－49，圖 2－50），左腳趟進。左掌不變，右掌抬起向前探出與左掌齊，兩掌隨身體前進之勢向前撲出（圖 2－51）。右腳跟進一大步，

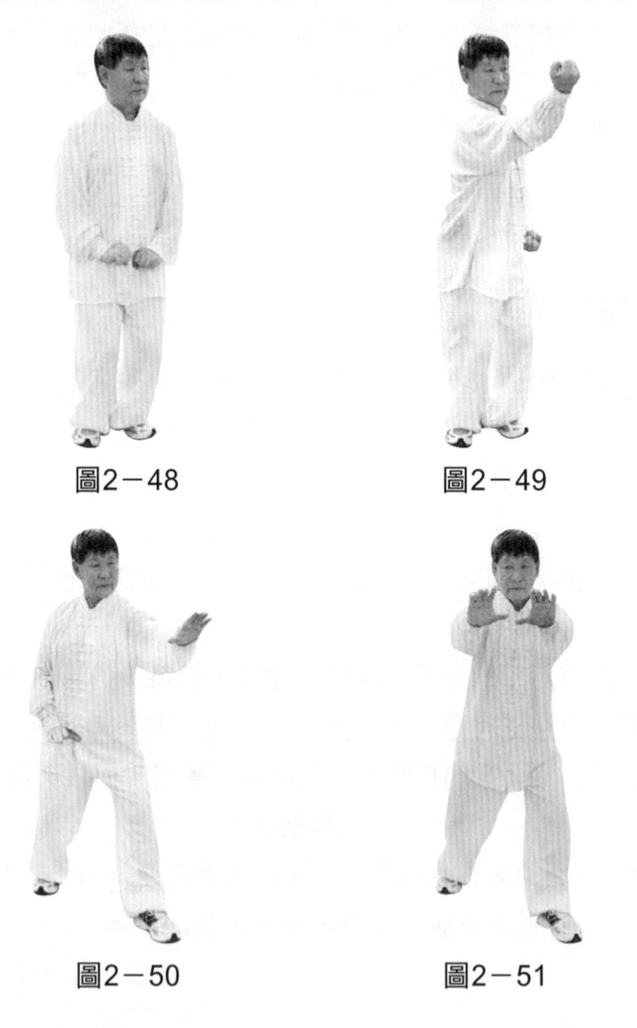

圖2－48

圖2－49

圖2－50

圖2－51

提膝靠於左腳踝處。兩手外翻抓握變拳，回拉下砸至丹田左右兩側，拳心向上為陽拳（圖 2－52），兩拳沿己身之中線上鑽，右拳邊鑽邊外旋翻轉，左拳前頂拳心向上位右肘下。右腳向左前 45 度方向趟進，左腳跟進半步，成小三體式樁步。同時半右轉身，右拳外擰轉滾撥至頭部右額頭，同時左拳由胸前向前向裡擰轉打出（圖 2－53）。

2. 拗步右炮拳

兩拳同時變掌，左掌向前下方落與右掌齊。左腳向前趟進。兩掌隨身體前進向前撲出。右腳跟進一大步，提膝靠於左腳踝處。兩掌外翻抓握變拳回拉下砸至丹田左右兩側，掌心向上為陽拳（圖 2－54），兩拳沿己身之中線上鑽，可成三角支撐式，左拳邊鑽邊外旋翻轉，左拳前頂，掌心向上，位於左肘下（圖 2－55）。身體左轉 90 度，左腳向前趟進，右腳跟進半步落地成小三體式樁步。同時，左拳向外擰轉滾，撥至頭部右額角，同時右拳由胸前向前

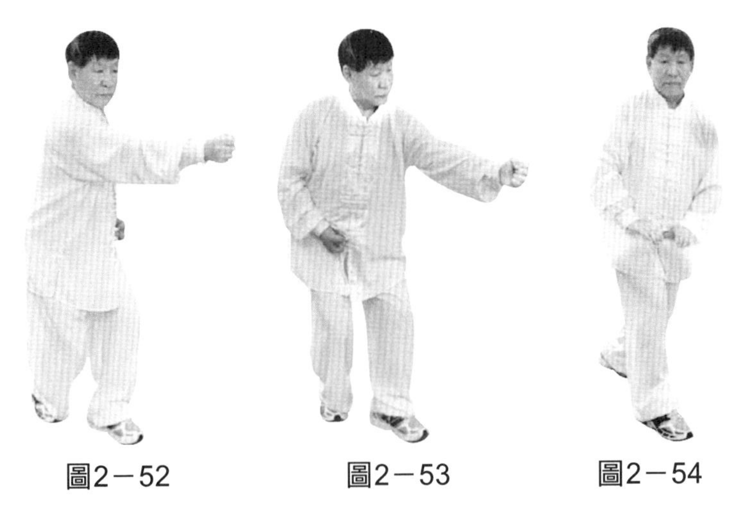

圖2－52　　圖2－53　　圖2－54

向裡擰轉打出（圖 2－56）。

如此左右交替進行，多少隨意，當打完拗步左炮拳時，可打拗步回身式。

圖2－55　圖2－56

3. 拗步回身式

兩拳裡旋，掌心向下成扣步，左拳從上落下與右拳齊，兩拳虎口相對，然後身向左後轉，雙拳隨身轉動向左後平擺。左腳向前邁步。雙拳回拉到身體左側（圖 2－57）。接下來打進左炮拳（圖 2－58）。

圖2－57

4. 收　式

炮拳收式動作與劈、鑽一

樣，均是鷹捉收式。但為銜接方便，打完進步右炮拳後，墊一步，手上打出一記左橫拳再收式（圖 2－59）。

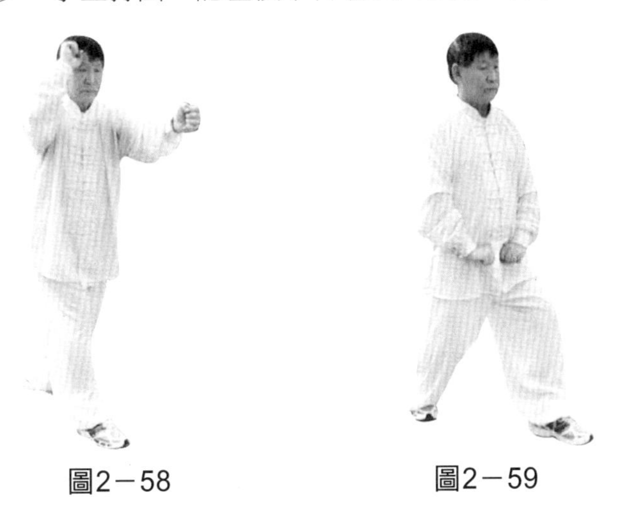

圖2－58　　圖2－59

【功　用】

練炮拳能增強心臟功能是有依據的。從表面看，兩拳上鑽以與心口有摩擦按摩的作用。而收臂束身為合，上頂前打為開，身法功作的開合配合心臟的張縮，再合以呼吸而成律動，對心臟亦有好處。「炮拳為一氣之開合，五官通舌，借其開張之力以資心臟之收縮，因其鼓蕩之機以助血氣吹紫添紅之功率」。

從拳理上說，「炮拳之運動可以促血脈灌沃上焦，氣沉丹田足以充實下部，而含胸拔背是謂虛中，合以上頂下沉之勁共成離卦之象。炮拳屬火為離卦，練此拳使腦髓之水精與命門之相火有同心相應、同氣相求之妙。故練炮拳有生髓生血，益智益神之功效，使心神得安，心智得開，得心力雄健之妙。」

【用　法】

炮拳起手先有進步一撲，這一下是虎撲的打法，也可化做雙撞掌。炮拳與虎撲有較近的關係，炮拳屬火練火，虎形也練心，走督脈。拳經云：「起手鷹捉，出勢虎撲。」炮拳先撲後打的練法正合拳理要求。

一撲若不能發人，那麼順手回帶，進步進身這是以身為拳的打法，尚派形意講人身無處不打人。張定一，辛健侯合著的《尚氏形意拳秘訣》中解釋了這一打。我抓敵腕帶、拽，再進身奪位，以頭、肩、胯、膝等擊敵，接下來才是左化右打，或者右化左打。對於額側的一拳是頂還是化，各家有各自不同的理解，但都認為不是硬架，實戰中這一下只要起到使敵攻擊失效就應算正確。

而真正制敵於死地的是後手的一拳，這是利用轉腰、扭髖、蹬地、順肩之力發出的一拳，是極具爆發力的一拳，拳如烈炮無可抵禦，唯一的機會是趕快後逃。炮拳的用法是一撲、一進、一拔、一拳，共四打。炮拳練習的路線是鋸齒形曲折行進，實戰中則方向靈活多變，甚至可以轉著圈打，最適合一人對付多人或者群站群毆。

炮拳上步是鋸齒走之字形，如果速度練到如同跑步一樣的速度，它的衝擊力（撞擊力度）可以達到八百磅以上（橄欖球運動員的最大衝擊力可以達到一千八百磅），可撞倒任何一位前面擋路的人。另外炮拳前面兩手拳又互相支撐成三角狀態，多一個三角支撐力，並多一個旋轉力。

六、橫　拳

五行拳最後一拳為橫拳，拳經曰：「橫拳有一氣之團聚也，其形似彈，五行屬土，五臟屬脾，五官通於人中，在指為拇，武道中為橫拳。」

橫拳既應於土，則其拳也甚具土性，為諸拳之母，橫拳既可化劈、鑽、崩、炮四拳，也可化十二形拳，正是「一本可散萬株，萬株咸歸一本」。尚派形意母拳是鷹捉，鷹捉起手先發的一拳，看似從前胸鑽出，但實際上這一拳是橫拳，拳經說：「起為鑽」，又說：「起為橫」，所以這一鑽也應是橫。形意的母拳都是先有橫拳，然後才有其他拳法，可見橫拳能生萬拳之理。

橫拳能健脾。脾在三焦之中，屬中焦之氣，能聚集中焦、下焦之氣。脾在人體中「主中宮，合於胃，職收納消化，而為諸臟之長也」。所以脾健則臟腹滋和百病不生。橫拳應於五官，則為人中穴，它是通於脾的穴位，此穴位極為重要，有起死回生之能，人在突然抽風，驚厥昏倒時，往往都按壓或針刺人中穴，一刺就醒，效驗驚人。人中、脾、橫拳、五形之土一線相繫，誰都輕視不得，所以橫拳雖居五行之末，卻是五行拳中最重要的一拳。

橫拳的彈，指的是彈弓的彈，而非是出膛炮彈，像出膛之彈的炮拳。所以橫拳的勁力應是抖絕之中的彈性，如絞緊的牛筋突然鬆開，有滾崩之勢，剛中有柔，柔中有剛；勁力亦虛亦實，崩發也不失含蓄，遠不似炮拳的猛烈，也不似崩拳的迅捷剛實。有人說橫拳「剛勁猛烈，無堅不摧」，不是這個道理。橫拳屬土，土性中合，橫拳是陰陽平衡，剛柔相濟的拳法。

橫拳出手，講究「起橫不見橫」，這是各家形意的共識。其實起橫不見橫是指橫拳的演練，並不走明顯的橫拔運動路線，但拳勁卻是橫勁。起橫見橫只能是梢勁節，不見橫的橫勁，是從腰發，是整勁，它不懼對方拳力沉雄，一領即走。當然，想練出「起橫不見橫」的真勁，非朝夕之功，務要明拳理，得真傳，腰要抖，拳擰轉，先求合順，再練全身之力於一抖之中發出。勤學苦練，仔細體味，方能有所成就。

橫拳歌訣

橫拳似彈性屬土，生劈剋鑽形不露，
體為肌肉脾主口，出手難招妙難書。

【練　法】

1. 拗步右橫拳

左三體式開式（圖 2－60、圖 2－61、圖 2－62），左手變拳，螺旋擰轉。左腳上步。右拳橫向左肘下向前直打出（螺旋擰裹勁），雙手都變成陽拳。右腳跟上半步（圖 2－63）。左拳的螺旋、擰裹純是顧法，是防禦對方對自己身體的進攻，擰裹後才是右拳由左肘下的橫出。橫拳打時兩臂絞擰翻轉，才有似彈的彈勁。絞擰後右拳向斜前直打出，左拳撤至丹田左側。

2. 拗步左橫拳

左腳向右中側身 45 度上步。同時，右拳螺旋擰裹向外扣，左拳由後經右拳肘下橫向前螺旋翻轉變陽拳向前（圖 2－64）。上右步打出，成拗步左橫拳（圖 2－65）。

如此可連續練，回身式與炮拳回身式相近。

圖2－60　圖2－61　圖2－62

圖2－63　圖2－64　圖2－65

3. 回身式

身體右後轉，左腳隨身體向右腳尖外側扣步。拳隨身轉。回身後仍然一左一右，練至起式處。

4. 收　式

收式與炮拳收式相同（圖 2－66，圖 2－67）。

圖2－66

圖2－67

【功　用】

劈拳通肺，鑽拳強腎，崩拳舒肝，炮拳健心，橫拳益脾，五行拳每一拳法都是養生健身的大藥方。

形意拳除了有目共睹的技擊實效外，更是一種養生延年的妙術，其效果不遜於氣功，形意大師多長壽就是實證，戴龍邦 90 周歲，戴文雄 96 周歲，宋鐵麟 94 周歲，布學寬 95 周歲，呂紫劍已活了一百多歲，如今還能練形意拳，就連形意鼻祖李洛能在晚清生活、醫療條件特差的條件下都活到 84 歲。

【用　法】

橫拳出手的螺旋擰轉要有擠勁，邁步時腳上要有扣住對方前腳的買勁，膝上還要有擠頂勁，這樣才能贏人。

2006 年 8 月，俄羅斯形意拳會會長阿德列夫·米來中國住了一個多月，參加比賽並學習各地形意拳，期間問過北京、河北、山西、黑龍江等多地的形意拳大師怎樣用橫拳（拗步）放人，許多大師告知：「我們練習拗步橫拳只是養生……」

到瀋陽後，我將五行拳前四下及鷹捉的打法都給拆完後，阿德列夫·米提到了橫拳，我用一個拗步橫拳將其扔出一丈多遠後，他豎起兩個大拇指說：「張老師，你才是師傅，他們都是老師……」

第三章 形意拳養生

一、渾元樁

練形意拳、意拳（也有叫大成拳的）在站樁時，除了站三體式樁，很多時間就是站渾元樁。

渾元樁的站法是雙手伸出，如同抱個球，胳膊的高度應該平於自己的胸部，雙手自然含勁，勞宮穴儘量相對，身體稍微下沉，心靜、無雜念。

有許多習武者，先多是體弱多病，後來透過站渾元樁來健身袪病，效果非常顯著。最早深州人郭雲深的弟子李豹，就是最好的例子。李豹受益後教給其妻堂弟，著名武術大家王薌齋先生，並領其在郭雲深老先生的墳頭拜師，奉養師娘並為師娘送終。而王薌齋由此也得到許多師兄的關照，尤其是天津張兆東的提攜，最終王薌齋成為一代宗師——意拳的創始者。

渾元樁的站法誰都會，公園、路邊小道，只要有晨練的地方，差不多都有站渾元樁的，他們有的能站一個多小時，雖然有的傻站，但多少都有受益。渾元樁不單是站著練，也有坐著練的姿勢，和站著的形體一樣，只是坐在板凳上，兩腳跟稍微抬起離地即可。

練習渾元樁的真正目的是為了用，練的是實戰的動樁和走樁（走動起來的變化）。動樁是在站樁的基礎上身體的上半身在動，由腰的抖轉，胳膊和手都在變化發力或換勁，其中有四種手法：

一是橫圓，胳膊的高度基本平於胸部，由擰腰，兩胳膊一前一後地旋轉運動，往前去的胳膊是推勁，往後來的胳膊是往回帶勁（也就是拉勁），一推一拉就可將對方推倒。

二是斜圓，在橫動的基礎上像太極雲手一樣變化，兩手心相對，如同抱一個球在兩手上下互換運轉，用上手的旋轉勁化開（撥轉）對方手臂，下手正好打到對方的軟肋上，再一個旋轉，上手分開對方手臂，下手正好打到對方胸前，如果練活了，對方的胸口、兩邊的軟肋就都在你的控制之中了。

三是順圓，斜圓旋轉的前手在接對方手腕的同時，下翻並急速順勢前行托對方的肘，後手旋轉由裡往外接對方腕部，虎口含住對方腕子（四個手指在上），這時你拿對方腕子的手往下使勁，托對方肘的手往上使勁，正好用的是反關節手法，甚至能將對方胳膊撅折或脫位，然後再兩隻手交換，用在對方另一隻胳膊上，反覆地練。

四是豎圓：在練順圓的基礎上兩隻手突然變化，由往回帶的勁都變成向前去的勁，它的發力像火車頭輪子的連接杆一樣不停地往前、向上、再向下，它的運行路線像車輪前進一樣做豎圓運動，但手上動作都是拇指在下，食指、中指在上，三個指頭在前，用叼拿勁直奔對方面門去叼抓對方鼻頭（往前的手是抓對方鼻子，而回來的手卻下勾帶對方手腕，使對方失去自防能力）。這個動作很像猴形的猴叼鏈。如果練活了，功夫上了身，每抓必中（楊俊秀這個動作就練到了出神入化的境界）。

二、五行拳養生

1. 站 樁

練五行拳首先是站三體式樁。站樁時每次一邊站三分鐘，左、右調勻呼吸，直到氣血能達到四梢，冬天時手指尖、頭頂上能見冒氣，鞋裡腳上能有微汗，這樣才算合格，達到氣血暢通。

2. 打劈拳或打鷹捉

劈拳或鷹捉打法幾乎一樣，就是鷹捉發力點是在手掌上，劈拳是在小臂上，都屬金通達於肺。

打劈拳或鷹捉吸氣時，先要撐開肋，將氣吸滿，增大肺活量，使胸腔內的容積增大（因為人的心臟是在肺的後面，只有胸腔內的容積增大，心臟才不會受擠壓）。久練鷹捉、劈拳，心肺功能就會增加，所以練形意拳者肺活量都大。同時，打拳時你的兩隻手一放一回、一上一下（尤其是開式時），經常由上半身的胸肺至兩腎之間經過，這時你的雙手對你的五臟所處位置進行了按摩。每天多次給自己按摩，身體自然會很好，也用不著吃藥、看病，所以打完拳很舒服。

打拳時起式的頭一下，右拳由下往上抖轉時所到的位置是人的心口處，也就是鳩尾穴和膻中穴、中脘穴附近，然後再斜上方45度角往前扔出，第二手（左手）再由下往上抖起到鳩尾和膻中穴的位置，然後經由右胳膊奔斜前方。人的膻中穴、中脘穴主理肺和心包，這樣練習久了，人的心肺功能就有所提高。

再者，在後拳經前胳膊往前運行至兩拳相交時，後拳的骨尖擦碰前手腕的太淵穴，然後再翻打出去，而摩擦手腕上的太淵穴也有調節並增強人體肺功能的作用，所以在打拳練功時，每個動作必須做到位才能達到養生的目的。

3. 練鑽拳

練鑽拳是腰往前擰帶動肩往前行，肩催動肘，肘催動手（拳）往前直行；腰往回帶，肩往回來，拳變成勾摟手有往回掛對方之意；再擰腰往前，肩催肘、肘催勾摟手抖出，欲擊打對方嘴巴子。

這個動作就是腰的一折合，再反到另一隻胳膊上，也是腰的一折一合，也有肩、肘、手的三催勁。這個動作練一會兒後腰就熱了，腰熱實質上兩邊的兩個腎也都熱了，所以練鑽拳對腎是非常有益的。

腎屬水，兩個腎就像兩個小鍋爐，爐水熱了，熱氣滋養肝、脾，對消化器官極有益處；消化系統好了，人的食量就增加，力量也隨之增大。

腎主骨，能養髓、生精（長期練習能增強男人的性功能），腎氣能上達泥丸以養性……

練形意拳因頭上頂能振起精神，氣沉丹田，身軀之抻拔能使「三關」易通。舌頂上齶，舌捲能降氣，呼吸平穩，並且能使津液增多以潤喉嚨，久練形意拳能達到心靜如水。

4. 練崩拳

崩拳之形似箭屬木，內通於肝、外竅於目、在體為筋、它其形似箭，勁是直而疾，是直出直入，道近、拳快，它內涵擰、裹、拔之勁，並有「三催」之勁使之勁整大。崩拳的兩拳之出入是以肘摩肋，每一拳的出與回都要摩擦到章門穴和期門穴。

章門穴為肝經之要穴，所以此拳養肝利目能使習練者眼睛特亮有神。在運動中腰有轉動，肋有開合，肝氣得以疏通，肝氣舒則氣血足……

5. 練炮拳

練炮拳，一拳在前另一拳在後（在下）頂在前拳的小胳膊上，再上步行進中兩隻胳膊的旋轉，後邊（下面）拳頭的食指或中指的關節正好頂前胳膊的「內關穴」上，「內關穴」關乎到人體的心臟，在練炮拳時，總能按摩到「內關穴」上，對練拳者的心臟非常有好處。

如有的心臟病患者在發病時，當時在場的人要多次用力去按摩患者的內關穴，就會減輕他的病情，然後再給病人用藥，就能救了患者的命。

炮拳的步法是前腳扣步，後腳再直斜上，形成鋸齒形的之字步，腳與腿的裡扣外擺的運動練法非常有益於心臟的健康。

6. 練橫拳

橫拳在練習過程中，底手從下出手是出橫不見橫，也就是由下丹田邊上天樞穴位起橫斜往上運動，經中脘穴，再由前上手肘下往前由橫變直向旋轉打出。前手也急速回拽，經中脘旋轉向下到另一邊的天樞穴位。

這是說兩手（拳）在運動中都對自己的中脘穴和天樞穴有擊打或按摩的作用效果，這兩穴對人的脾、胃非常有好處。所以橫拳養脾。

人的脾胃消化器官好，能吃又能消化吸收，自然就會增長力量了。人的力量增長了，五臟又沒有毛病，透過練功又達到人的心態平和、陰陽平衡，人在不生氣、不上火的狀態下生活，自然就能夠長壽，人生百歲也就是常有的了。

三、內功練法

很多人都知道形意拳、八卦掌、太極拳被稱為內家拳，除此之外的拳種皆被說成外家拳。內家拳和外家拳的區別，在於內家拳講內三合：「以心行意，以意行氣，以氣行力」，也就是說，練內家拳時有一種意念帶動體內之氣在運動，使氣能夠運行全身，甚至隨力放出。

體內所行之氣有養生的作用，如身體某部位扭傷、受風濕、風寒…… 可用意念將氣運至其部位，自己用手帶其轉動，一會兒就暖和，很快收益。如在練功時能將氣運至身體的某一部位，其部位就會增加抗擊打的能力，或者有反彈的功力。

在練功行氣時，首先要練炸肋吸氣之法，使其胸腔內的容積增大（吸氣時，胸部要先橫向動，然後再前後動，將氣吸足）。因為人在運動、練功後，心臟跳的頻率會增快，如果是正常呼吸，運動量過大後，心臟在胸腔內容易受擠壓，會出現急喘的現象。

可你炸肋吸氣後，胸腔內容積增加後就不會出現此現象，五臟在體內也很舒服。

「走周天，轉丹田，繞帶脈，行龍捲，炸肋吸氣，順其自然」的內功練法，先要練走小周天，肺吸滿後通過中丹田（膻中、中脘間）下行至下丹田會陰，後轉至命門、夾脊穴、大椎，再上行百匯至印堂呼出，並要往下丹田存一口淨氣，直至練得非常順暢（一個月即能做到）。等到下丹田充實後，再左、右、前、後的轉動（轉丹田），再由下丹田往後轉至命門穴，先是由左往後，再轉過來，然後是由右往後再向左轉過，每回各轉九次。

上至中丹田也和下丹田轉法一樣（繞帶脈像人們繫褲腰帶一樣很隨意），直到轉得非常自如（一至兩個月即可練順），丹田要轉得非常舒服，有熱感方可（剛開始會出現放屁現象，這很正常，是好現象）。

在丹田充實，轉動自如的情況下即可由下丹田或中丹田之氣由下向上斜動運行，像龍捲風一樣旋轉，左、右兩邊都要練；然後再經肩向胳膊及手上運行。時間長了，內氣可直達於手、腳，手腳都像小麵包或發麵饅頭樣，寒冬時節可見熱氣。丹田之氣可以使你像扣個鐵桶一樣結實，並增加抗擊打的能力，甚至可用丹田之氣去擊打對手。

精養靈根氣養神，元陽不走方為真；
丹田練就長命寶，萬兩黃金不予人。

精是人的生命之本，男子是睾丸之精，女子是陰水及唾液為先天之精。人在飲食吸收的營養，透過血液流遍全身成為後天之精。人們在練功時，提肛、收臀，將無形之精練成微妙之氣，即是以精化氣，氣聚丹田再游走全身，氣在人體中就像一種能量源，練的正確它可以自由游走，並增強人體的抗擊打能力。

人的氣血虧損就會精神萎靡，成天無精打采，然而通過正確的習練內家拳（形意、太極、八卦），就能氣血充足，精神健旺。

第四章　形意拳套路

第一節　羅漢八式

在民間流傳有許多傳統的形意拳套路，因為流派很多，所練的也不完全一致，所以套路也有所不同。練單式的多，十二形拳每一形都練成雜式套路，有十多個或者二十幾個動作的只有尚氏東北一支（海外許笑羽的再傳弟子也會許多套路，但不太全）。

形意拳套路先有五行連環、六合拳、出洞入洞、十二洪錘、老八式（羅漢）、新八式（金剛），後有十二形（雞、燕、虎、馬、龍、蛇、猴、鴿、駘、鼉、鷹、熊）、簡雜式錘和雜式錘及十二形合演等。現在社會普及的是李文彬所傳授的新八式，而老八式只有張定一、辛健侯的傳人在練。

老八式和其他套路拳都非常實用，表演也比較好看（北京的崔國貴老先生在多次全國形意拳賽閉幕會上都表演了此套拳），它其中包含著中國武術的打法、摔法、擒拿法，練習精熟的人就能做到「沾上倒，碰上飛」，「急如風，快似箭，打倒還嫌慢」。

練形意拳要經過基本功鍛鍊，學會五行拳之後才能開始學習套路拳，因為有了一些基礎方能掌握動作的發力、手法的變化、變勁的特點和技巧，甚至更高層次的換位、換勁，才能做到「伸手邁步就贏人」。

本文所講的老八式拳的技擊，是從每一個動作的勁路、變化談起，每個動作都有實用性。形意拳雖然突出的是發勁，像尚雲祥及其弟子靳雲亭（靳振起）、鐵臂神拳趙克禮、辛健侯等功力特大的人，都是直打直進，不招不架，一下勝人。然而武術講究的是技擊的藝術，尤其體格較小、力量較差的人就更要講究以巧勝人，學會聽勁、化勁，以技藝勝人（功力大不等於技藝高）。

我這裡介紹的老八式拳動作和技法是張定一、辛健侯所傳（在20世紀20～40年代初，尚雲祥有四位高徒在奉天：許笑羽、張定一、辛健侯、張冬生），書刊上從未發表過，與一般練法有較為明顯的不同。，可以說別具特色，故此寫出以便廣為流傳。

1. 起　式

身體自然直立下沉，兩膝併攏；頭頂項直，下頜微收；兩手變拳自然下垂于丹田處，兩腳併攏，腳尖分開90度左右，目視前方。此為預備式（圖4－1）。

圖4－1

2. 鷹捉式

兩拳同時擰翻，變為陽拳，右拳打出為原地鑽拳（圖4－2）。左腳上步直趟（走出「腳打踩意不落空」之勢）。同時，左拳起鑽落翻變掌打出（打出「一掌定乾坤」的翻浪勁），右拳急速像勾杆一樣捋回（圖4－3）。

圖4－2　　圖4－3

3. 鷂子束身式

兩掌同時變為陽掌，向前成十字手接架對方來手（圖4－4），右掌捋拿對方打來的右拳（圖4－5），並迅速擺頭鑽進對方腋下，將對方胳膊擔在自己肩上；左胳膊下挑對方襠，將對方扛起（圖4－6）。

4. 懶龍臥道

右手拿完對方後，螺旋擰轉到腰間，迅速起後腳（右腳）再踏對方前膝，出右拳擊打對方軟肋或膻中穴（圖4－7）。

圖4－4 圖4－5 圖4－6

圖4－7 圖4－8 圖4－9

5. 墊步架崩拳

上步，兩拳同時擰轉，右拳架起到自己太陽穴邊，左拳打出為順步炮拳（圖4－8）。右腳前邁（左腳不動）到左腳處。右拳直擊對方欲抓自己左拳的來手（圖4－9）。

6. 退步橫拳

撤右腳，再撤左腳。兩拳同時翻成陽拳，右拳由上向下撤回，左拳由下向上橫出直打（圖4－10）。

7. 上步劈拳

往前大步上右腳，跟左腳。同時，劈右拳打擊對方（圖4－11）。

8. 白鶴亮翅

兩拳直起上架，分撥開對方來拳，迅速往下打擊對方腰部或腎區（圖4－12）。

圖4－10　　圖4－11　　圖4－12

9. 上步鎖手（索手）

上步炮拳（圖4－13），再上步抓捋對方（索手，圖4－14）。

圖4－13　圖4－14　圖4－15

10. 順步炮拳

抓捋對方被其掙脫，變成順步炮拳擊打（圖 4－15）（此動作如果轉身變臉，前手下按對方膝蓋，可變成手別子摔法或多種摔法）。

11. 原地橫拳

身體下沉或坐盤式，前手拳螺旋撤回，後手拳螺旋橫擊出（圖 4－16）。

12. 龍虎相交

同時，急速起後腿踢出（蹬踏勁）。前拳變後拳，後拳直劈出，打出二力分爭的剛猛勁，連踢帶打（圖 4－17）。

13. 進步劈拳

右腳落地時，右拳再打出（圖 4－18）。

14. 白鶴亮翅

同時，雙拳上架，接分對方來拳（圖 4－19）。

15. 順步炮拳

亮翅接架後，迅速上左腳。用左拳擊打對方（圖 4－20）。

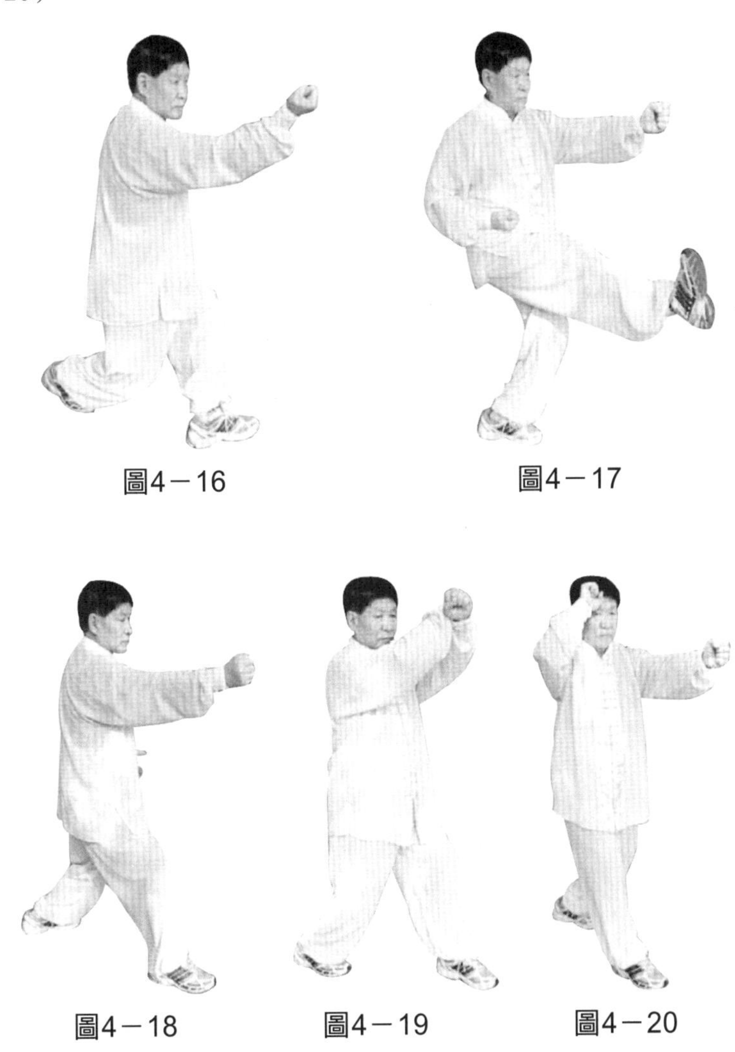

圖4－16 圖4－17

圖4－18 圖4－19 圖4－20

16. 上步鑽拳

上右腳。右拳由下往上，直擊對方下頜（圖4－21）。

17. 反身撩陰錘

這時，如果後邊又來人，急速反身，左拳接打身後來人，右拳由上往下撩打欲夾擊自己的另一個人的下襠，上架下打（圖4－22）。

圖4－21

18. 此拳練到反身撩陰錘後，再繼續從鷂子束身往回練一遍，到燕子抄水身體成仆步下式（圖4－23），用右手接拿對方來手往回撤步，左手按對方前膝不讓對方腳步前動，使其上身傾斜，將其摔出（東北形意名家楊俊秀在1982年曾用此動作將大連武術隊總教練于至浩連摔三下）。

圖4－22

圖4－23

19. 起身墊步崩拳（圖 4－24、圖 4－25），再退步橫拳（圖 4－26）。

20. 收　式

上左腳。兩手同時揚起如大鵬展翅式（圖 4－27），

圖4－24

圖4－25

圖4－26

圖4－27

再同時雙拳向下扣于下丹田處（圖 4－28）。起身直立併步，行五湖四海禮（圖 4－29）。

圖4－28

圖4－29

第二節　金剛八式

現在公園或練武場地，學練形意拳者練的八式套路拳都是金剛八式，只有瀋陽張國量一支和北京崔國貴一支多一套羅漢八式。

兩種八式拳的練法只是差別在崩架及扣崩和多一個反撥掌上，還有就是龍虎相交一個是踢左腳，一個是踢右腳，其餘打法、拆手幾近相同。

1. 鷹捉開式（圖 4－30、圖 4－31）

2. 鷹鷂回頭（圖 4－32、圖 4－33）

3. 鷂子束身（圖 4－34、圖 4－35）

圖4－30

圖4－31

圖4－32

圖4－33

圖4－34

圖4－35

4. 懶龍臥道（圖 4－36）

5. 順步炮拳（鷂子入林）（圖 4－37）

6. 上步扣崩（圖 4－38）

7. 退步反撥左掌（青龍出水）（圖 4－39、圖 4－40）

8. 上步抓順步炮（圖 4－41）

圖4－36　圖4－37　圖4－38

圖4－39　圖4－40　圖4－41

9. 望眉展甲（金雞獨立）（圖 4－42 ～圖 4－44）

10. 上步金雞食米（圖 4－45）

11. 撤步捋手（圖 4－46）

12. 上步順炮（圖 4－47）

圖4－42　圖4－43　圖4－44

圖4－45　圖4－46　圖4－47

13. 原地橫拳（圖 4－48）

14. 龍虎相交（踢左腳）（圖 4－49）

15. 黑虎出洞（上左步劈拳）（圖 4－50）

16. 墊步掩肘（圖 4－51）

17. 上步順炮（圖 4－52）

圖4－48　圖4－49

圖4－50　圖4－51　圖4－52

18. 白鶴亮翅（圖 4－53、圖 4－54）

19. 順步炮拳（圖 4－55）

20. 上步鑽拳（圖 4－56）

21. 回身式（葉底看花）（圖 4－57）繼續回練。

圖4－53　圖4－54　圖4－55

圖4－56　圖4－57

22. 打到原地收式（圖 4－58、圖 4－59）

圖4－58　　圖4－59

第三節　出洞入洞

形意拳在練完基礎功法，打完五行拳後，一般都是學五行連環拳，或是「五行合練」，即五行拳按照五行相生的順序（金生水，水生木，木生火，火生土，土生金）來練，但也有直接練五行相剋的；再其後大多是練出洞入洞這套拳。拳經云：「肘不離肋，拳不離心，出洞入洞緊隨身。」可見其重要。

1. 左鷹捉（劈拳）開式

出右手鑽拳，直接頂打、撥化。再邁左腳。出左掌或左拳劈，打對方頭或胸部，打時可用直劈勁或者翻浪勁（圖 4－60）。

2. 熊　形（捶筐）

再墊右腳，出左腳。變拳由下往上從胸部直勾打到對方下頜（圖 4－61）。

圖4－60

圖4－61

3. 拗步鷹捉

左拳變掌，旋轉勁下壓對方來拳。上左腳，用腳或膝擠管住對方前腿。再用右掌擊打對方前胸（可將對方擊躺下），是斜勁（圖 4－62）。

4. 熊　形（捶筐）

再墊左腳。右掌變拳，由下往上勾打對方下頜（和拳擊的勾拳相似，可將對方直接擊傷）（圖 4－63）。

5. 拗步鷹捉

跟上一個打法相似，只是姿勢相反，是另一面（圖 4－64）。

6. 金龍鑽天

左勾拳由前劃個圈向前鑽出，用化勁直擊對方臉面、下頷（圖 4－65）。

7. 青龍出水

上右腳。右劈拳直劈對方胸部（圖 4－66、圖 4－67）。

圖4－62　圖4－63　圖4－64

圖4－65　圖4－66　圖4－67

8. 望眉展甲

右拳稍微往回帶勁撥化，並在往上的途中變掌捋帶對方手腕，往回拽。並撤右腳（成金雞獨立式），左腳單立。同時，左掌急速劈打對方面門（圖 4－68）。

9. 掩右肘　上右步劈拳

左掌變拳立起，用左肘和刀骨（胳膊）切打對方來拳。同時，上右步。用右拳劈打對方正面、頭和胸部（圖 4－69、圖 4－70）。

圖4－68　圖4－69　圖4－70

10. 提右步　雙掩肘　上左步馬形

提起右腳撤回半步。用雙胳膊和雙拳往回帶勁化對方來拳，並旋轉著。上左步，擊出雙拳（雙手馬形）（圖 4－71、圖 4－72）。

11. 金雞抖翎

雙拳同時往裡一裹，突然間一擰腰，急速抖胯往外掙（有

圖4－71　圖4－72　圖4－73

胯打之意），兩肘又同時往外撐打（像公雞抖身上的雨水一樣）。對方如果從後邊抱住你，你用金雞抖翎的動作可將其掙開，並可用肘擊傷對方（圖4－73）。

12. 入洞出洞

你用前手（右）由上往下旋轉化弧形撥化對方前手，後手從下往上斜打對方咽喉處（這個動作叫鎖喉掌），而不是後手到自己臉處，看護自己臉頰。進攻是最好的防守（圖4－74、圖4－75）。

13. 上左、右二步 二劈拳

上左、右兩步。連續兩個劈拳劈打對方（圖4－76、圖4－77）。

14. 反身金雞獨立

一返身，用右拳圈化對方來拳。同時，左腳落地（有踩踏勁）。左掌直劈出（圖4－78）。

圖4－74　圖4－75　圖4－76

圖4－77　圖4－78

15. 雞形四把步

金雞四個穿掌，左掌兩下、右掌兩下，直穿對方眼睛、咽喉或心窩（膻中、上脘穴），每一穿掌都是直奔對方要害而去（注意，手指須有一定的功夫，不能在戳對方時因指力不夠而自己受傷）。拳經云：「神仙也怕穿三穿。」即神仙都怕三穿掌，而雞形是四穿掌，可見其厲害（圖4－79～圖4－85）。

圖4－79　圖4－80　圖4－81

圖4－82　圖4－83

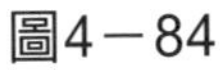

圖4－84

圖4－85

16. 上左步換影

上左腳。兩手分抓對方前胸和胳膊，身體貼住對方，轉身貓腰，用屁股頂住對方下身，將對方從自己身上摔過去（也就是摔跤所說的大背摔法，或者是劈掙摔法）（圖4－86、圖4－87）。

圖4－86

圖4－87

17. 熊 形

又是一個勾拳，擊打對方。

圖4－88

接著再繼續往下練，直到練回起勢地時，打出左手鷹捉（左式），或者原地崩拳，退步橫拳，再上步左式鷹捉。整套拳是一去一回練兩遍後收勢（圖4－88、圖4－89、圖4－90）。

注意收勢時，不要著急，一定要換兩次氣，等呼吸調節勻了再起身收勢。這樣才利於養生、養功，有益於身心健康。

圖4－89

圖4－90

第四節　十二拱（洪）錘

圖4－91

1. 預備式（鷹捉開式）

兩腿自然併攏，兩腳成 90 度，身體儘量放鬆。雙手如大鵬展翅一樣上揚，然後變拳由上向下至下丹田處。兩腿同時彎曲微蹲。出右鑽拳（由丹田起到心口，然後向高於眉的前方打出）。再上左步。同時，左拳由右小臂上急速滑出，雙拳相疊時同時下翻變掌，右手加速度如勾竿撤回，前手向前旋轉變陰掌劈出（這個動作可將人放出丈外）（圖 4－91 ～圖 4－93）。

圖4－92

圖4－93

2. 鷂子束身

右後手向前到左手下成十字手，同時雙手擰裹，右手回拉（擄對方前手腕，拿對方反關節擔到自己肩上），左手下挑對方襠部，可將對方挑起摔倒（就像摔跤的穿扛倒口袋的動作）（圖4－94、圖4－95）。

圖4－94

3. 懶龍臥道

左前手螺旋買開對方前手，出右手下崩拳擊打對方胸或肋部。同時，起右腳踩踏對方膝部（將對方踩倒），再上左腳出左拳成順步炮拳式（圖4－96、圖4－97）。

4. 返身拱錘（八錘）

先是右拳左右撥打，再墊步鑽拳，再上步左劈拳（拱

圖4－95

圖4－96

圖4－97

錘有練高架勢，擊打部位是對方頭部；有練中架勢的表演好看，擊打對方胸部、中盤，但殺傷力不大）。左拳右左撥打，再墊步鑽拳，然後再上步右劈拳（圖4－98～圖4－105）。

圖4－98　圖4－99　圖4－100

圖4－101　圖4－102　圖4－103

圖4－104

圖4－105

5. 再轉身四錘

和前八錘一樣打法，只是少了一個左式（圖4－106～圖4－109）。

圖4－106

圖4－107

圖4－108

圖4－109

6. 兩個崩拳

上半步。左崩、右崩兩個崩拳，擊打對方膻中穴以下部位（圖 4－110、圖 4－111）。

圖4－110

圖4－111

7. 兩個雙手馬形

右拳回撤和左拳相夾（小臂夾勁），買對方來拳和肘關節。同時，上步打出雙拳，可將對方打出丈外。再用左拳在前和右拳相夾同樣打出（如果對方反應慢，雙掩肘時可直接將對方肘關節打傷。手下應留情）（圖 4－112 ～圖 4－114）。

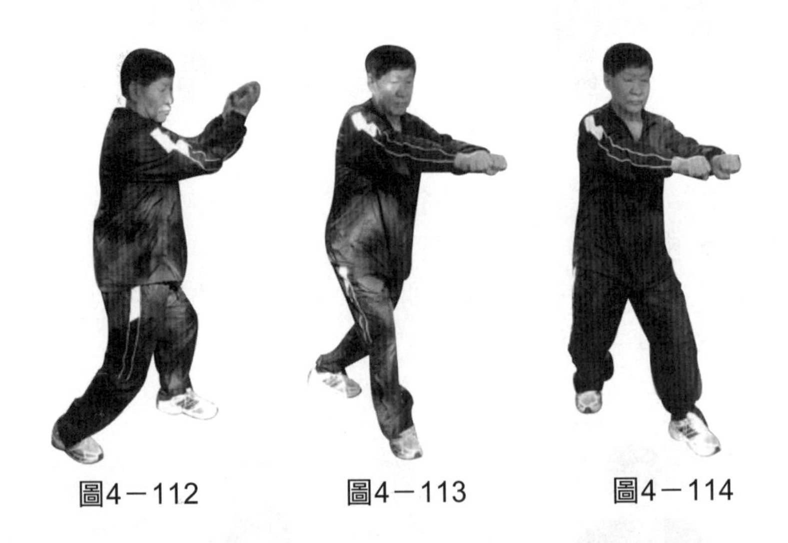

圖4－112 圖4－113 圖4－114

8. 大轉身反背錘

360 度轉身抽打對方頭部和胸部（掄勁）（圖 4－115）。

9. 原地橫拳

步子不動。後拳從前拳肘下螺旋撥出直打（是出橫不見橫），意欲撥開對方抓你前拳之手；也可用橫勁擊打對方前胸（圖 4－116）。

圖4－115

圖4－116

10. 龍虎相交

撥開對方擒拿手後，出另一拳劈打對方。同時，起腳蹬踢對方胸部，是連踢帶打的動作（圖4－117、圖4－118）。

圖4－117

圖4－118

11. 掩　肘

用小臂切化對方打來之拳（圖 4－119）。

12. 上步劈拳

上一步劈打，是用拳打，但勁力都在手腕或刀骨上。如果對方接架，你順勢直進，用肘尖擊打對方心口或胸部（也就是劈拳肘打）（圖 4－120）。

13. 白鶴亮翅

對方來拳，用雙小臂（撤回劈拳）成十字上架，然後像鶴展翅一樣將對方的拳抖出去，使其露出前胸（也可順勢直接用雙拳往下擊打對方下腹）（圖 4－121）。

14. 上步炮拳

然後上步。一個胳膊架化開對方前拳，同時另一拳用螺旋勁擊打對方前胸部，可將對方打傷或打出去（圖 4－122）。

圖4－119　　圖4－120　　圖4－121

15. 上步鑽拳

再上步。出鑽拳擊打對方下頷，意欲將對方擊出（圖4－123）。

16. 回身式

轉身再出鑽拳，另一拳由上往下撩打（抽打）（圖4－124～圖4－126）。

圖4－122　圖4－123　圖4－124

圖4－125　圖4－126

圖4－127

圖4－128

繼續回練，到回身式時出左鷹捉收式（圖 4－127、圖 4－128）。

第五節　鷹捉十三式

2007 年 5 月，我外出講學教拳，要由天津到杭州轉車，由於到杭州是早晨 6 點，而杭州到泉州開車時間是 9 點 50，期間有近 4 個小時，但還不能走遠，只得在車站附近吃點早餐。

我杭州的弟子李隼覺得有一定的練功時間，想學套拳，同時又提出：「師父，咱爺倆能不能創編一套適合表演又利於實戰的鷹捉二十四式（二十四個鷹捉手法的組合）？」但每次練完都需要兩分多種，在表演上時間有點過長，後來我決定改成十三式，練了兩遍，時間基本在 1

分 15 秒到 1 分 20 秒之間。

等我到了廈門，在公園教學生五行拳後，王洪日說：「張老師，您能否給我們表演一趟套路拳，讓我們開開眼。」我隨即就演練了一遍剛剛編排的鷹捉十三式。王洪日當時是拿著照相機拍的，並問我：「老師，這套拳太漂亮了！我可不可以將他放到網上？」我說：你隨便放吧，沒過幾天，全國各地很多弟子、學生都來信讚揚並學習，這套拳很快就傳開了。

1. 預備式（圖 4－129）

2. 鷹離巢（原地右鑽掌）（圖 4－130）

3. 上步左鷹捉（圖 4－131）

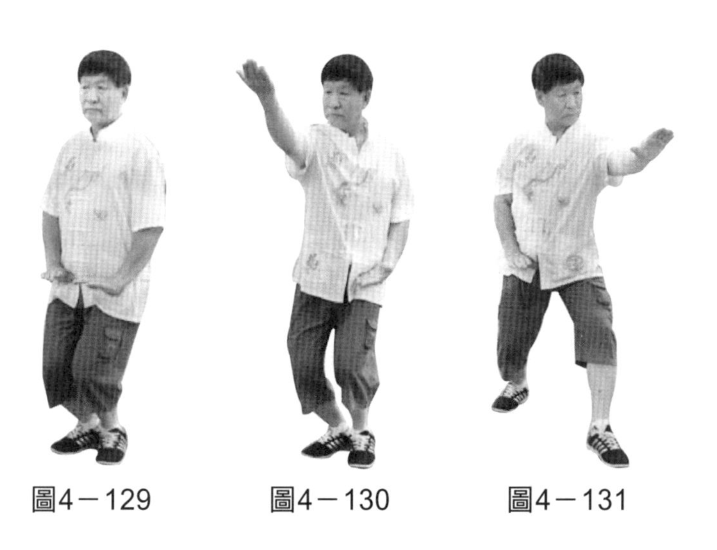

圖4－129　圖4－130　圖4－131

4. 鷹鷂回頭（圖 4－132、圖 4－133）

5. 鷹鷂束身（圖 4－134 ～圖 4－136）

圖4－132　圖4－133　圖4－134

圖4－135

圖4－136

6. 上步右鷹捉（圖 4－137、圖 4－138）

7. 上步左鷹捉（圖 4－139）

8. 上步右鷹捉（圖 4－140）

圖4－137

圖4－138

圖4－139

圖4－140

9. 三個退步鷹捉（圖 4－141 ～圖 4－144）

圖4－141

圖4－142

圖4－143

圖4－144

10. 三個拗步鷹捉（圖 4－145 ～圖 4－149）

圖4－145　　圖4－146

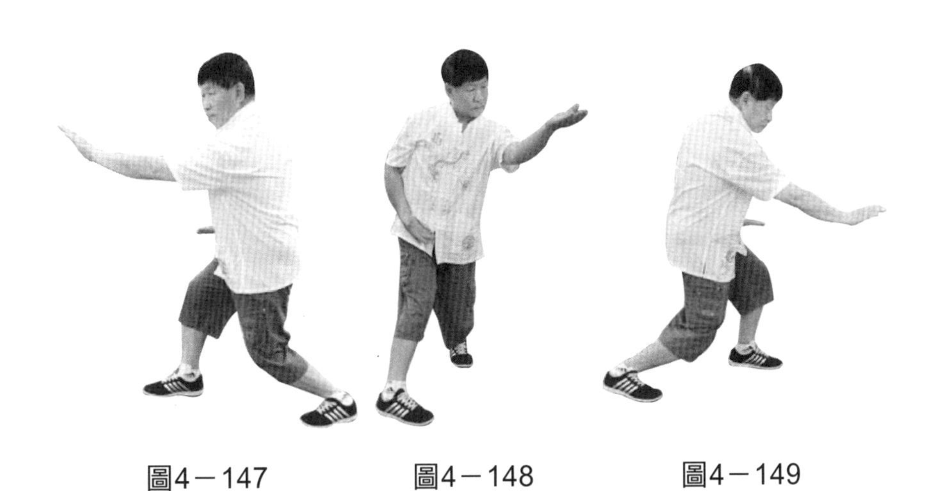

圖4－147　　圖4－148　　圖4－149

11. 扣步搖轉鷹捉（圖 4－150、圖 4－151）

12. 變步搖轉鷹捉（圖 4－152、圖 4－153）

13. 鷹展翅（雙手鷹捉）（圖 4－154、圖 4－155）

圖4－150　圖4－151　圖4－152

圖4－153　圖4－154　圖4－155

14. 鷹展翅（雙手鷹捉）（圖 4－156、圖 4－157）

15. 買手切脖鷹捉（圖 4－158）

16. 買手切脖鷹捉（圖 4－159）

17. 鷹連擊（四下）（圖 4－160、圖 4－161）

圖4－156

圖4－157

圖4－158

圖4－159

圖4－160

圖4－161

18. 摟膝打掌（圖 4－162）
19. 摟膝打掌（圖 4－163）
20. 上步鷹捉鎖喉（圖 4－164）
21. 上步鷹捉鎖喉（圖 4－165）

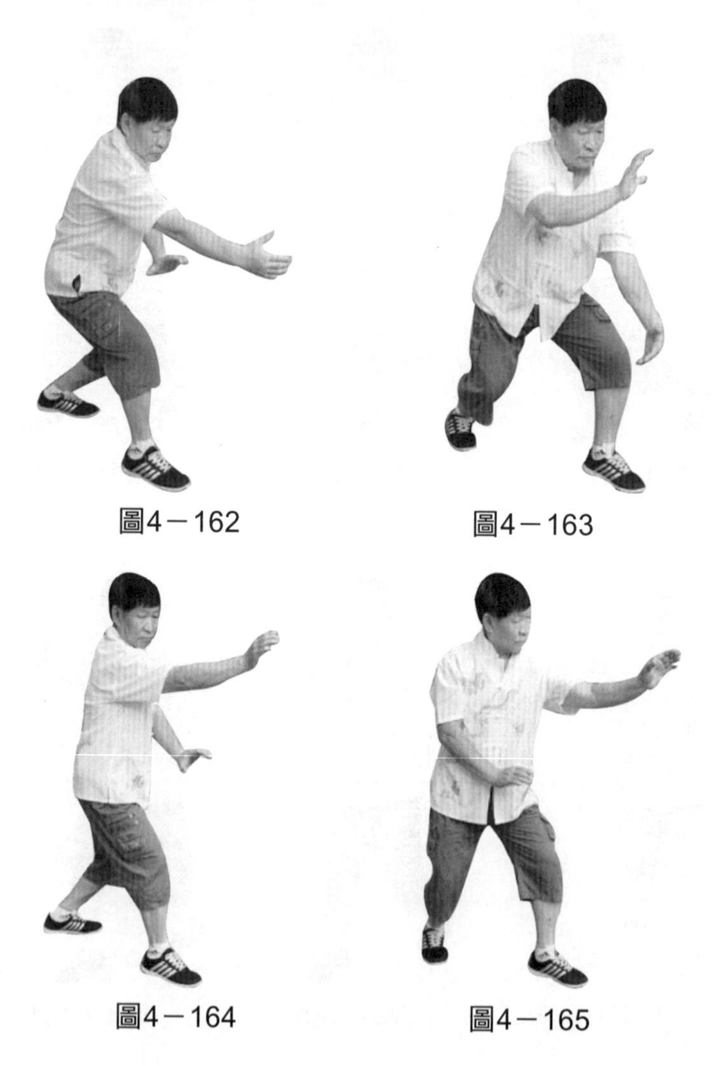

圖4－162 圖4－163

圖4－164 圖4－165

22. 鷹轉身（圖 4－166、圖 4－167）

23. 鷹再轉身（圖 4－168）

24. 右手劈掌（鷹捉）（圖 4－169）

圖4－166　圖4－167

圖4－168　圖4－169

繼續回練（圖4－170），最後收式（圖4－171～圖4－173）。

圖4－170

圖4－171

圖4－172

圖4－173

【說　明】

(1) 鷹離巢與鷹捉起手內含鑽、橫、崩三拳的勁力，還要有如鋼挫之勢，扔出抖擻勁。

落手內含劈、炮、橫三拳勁，又要有如鉤竿之意，使勁路圓轉完備，豎圓還要有整體的前湧翻浪勁。在急速回撤的瞬間，還要產生撩挑滾轉的化勁。

(2) 鷹鷂回頭的動作是右手往後回抽和下撩打，左手是下按和上抽打法。

(3) 鷹鷂束身是雙手成十字手後，右手接捋拿對方前手，側身將對方前手擔在自己肩上，左手下挑對方襠部，將對方如倒口袋一樣，扔到後方。上右步用右拳劈打對方。

(4) 連續三個上步鷹捉擊打對方。鷹捉可前手撥化買開對方前手，後手螺旋變勁直接擊打對方臉部或胸部任何一個部位，也可變位擊打對方軟肋，打擊變化很多。

(5) 連續三個退步鷹捉主要是捋帶對方前手，使其漏出前胸部的薄弱部位，以便擊打。

(6) 三個連續拗步鷹捉是前手撥化開對方來拳，後手急上管住，前手再翻起擊打對方，並上步用腳或小腿買住對方前腿，將其擊倒。

左前腳往回一扣，右腳 90 度往後滑步，右手撥化捋帶對方前手，同時用左手劈打對方側面或肋部（避開和對方正面相對）。

再掰左腳。用左手撥化對方前手。右腳轉回 90 度，又成正面擊打對方。

(7) 白鶴亮翅是用雙手成斜十字接架對方打來之拳（掌）並分化開，同時用雙手劈打對方前胸。

兩邊各做一次（上步要快）。一隻手撥化開對方前手，另一隻手掌切對方頸動脈，可使對方休克。

先是右邊切脖，然後再進步，用左邊撥化切打對方頸動脈；但手下要留情。

(8) 鷹捉連續擊打，其中有捋、帶、撥化、驚炸、換勁，可將人放出，也可將人打傷。

右手撥化開對方右手（拳），順勢下沉勾摟對方前膝窩，並用左手急速擊打對方胸部，將對方打出（可將對方摔倒）。

左手撥化開對方左拳（掌），順勢下沉勾摟對方左膝窩（前腿），並用右手急速擊打對方胸部，將對方放出或擊倒。

上步先是右手掌拿對方咽喉，一下可使對方暫時窒息。再上步用左手掌拿對方咽喉（注意點到為止，手上不要太狠）。左手切撥，轉身用右手擊打對方。再轉身動作一樣，再做一遍。

左手鷹捉（劈掌），繼續往回再練一遍（形意拳的套路拳都是往返，最後回起勢地，左鷹捉收式）。

第六節　十二形套路拳

形意拳的前身叫心意六合拳，源自山西，原來只有五行拳，直至戴龍邦傳於河北深縣人李洛能（李老能、李能然）。李洛能藝成後，覺得單練五行拳有些枯燥，缺少表演和演練拆手的東西，故根據各種動物的捕食、打鬥動作，創編出八式拳及十大形套路，才將心意拳發展成形意拳，也就成了形意拳的鼻祖。

李洛能教出諸多武術名家：山西的車毅齋、宋世榮、河北的劉奇蘭、郭雲深、白西圓、張樹德、劉小嵐、李鏡齋，號稱「八俠」，再加上北京的董海川，也就有了當時名震中華的「九義八俠」。

這些大家根據自己的素質、條件，都形成了個人的風格，演練、教授的東西也就不完全一樣。有很多門派練十二形或十大形單式的多，套路、雜式練得少。

李存義老先生幾進山西，交融河北、山西技藝之長，吸取先輩的體會心得，融會貫通，對原有的套路和練法進行改進和創新，傾囊傳授給愛徒尚雲祥。尚又繼承了郭雲深「半步崩拳打天下」、「丹田氣打」、「大竿子」三大絕技，形成了別具風格的尚派形意拳。

我自幼跟霍夢魁學武術（郝為真東北的高徒，因煤氣中毒去世），後跟舅舅夏英久（張定一的掌門徒）學摔跤，1983 年跟楊俊秀學形意。半年後楊師病重，我在醫院護理一個多月，楊師將所有心得都講授於我。但因當時接觸形意拳時間短、功底淺，沒有悟透。

1984 年後由舅舅介紹，正式拜辛健候的掌門徒張國良為師，學到形意拳的五行拳、十二大形的演練和拆手、實戰的精華及各種器械。

20 世紀 90 年代又經李文彬老先生多次親自指點教

授，才弄明白楊俊秀師叔臨終的遺傳。經過十多年的鑽研，基本掌握了尚派形意拳技法、演練的真諦。「外形精練內意純中」、「沾衣縱力緩動逐發的翻浪勁」、「意動勁發的抖擻勁」、「不意而發的化勁」，形意拳的每個套路動作都應該體現出這種內涵來。

為不忘前輩的教誨，我與弟子現將十二形拳及器械的演練和應用技法寫出發表，以弘揚中華武術。

一、虎　形

形意拳除五行拳之外，還有十二形的套路拳及雜式錘等適合於表演和技擊的打法演練。我所寫的虎形就是其中一套，它是由李存義老先生所傳。

尚雲祥和傅劍秋這兩支的傳人所練基本差不多，練法動作較複雜，式子比山西、河北派所練得多，不單單是虎撲和虎撐兩個動作。

老虎是森林之王，非常威猛，撲食之勁霸道之極，尾巴打掃之力可將人或一般的動物掃個跟頭或打昏。古書曾寫過，虎有一撲、二掀、三剪尾（擺尾）之功。虎撲之兇猛，可將任何被食動物撲倒，使其無反抗能力。如果撲打落空，隨後便用後腿或胯掀撞；掀再未果，虎便用擺尾之法掃打，將被食者打倒擊昏。老虎剪尾之力可將樹杈擊斷，何況人怎能接得住。

另外，虎之跳躍速度和距離也比其他動物強出很多。我們所練的虎形就是根據它的生活習性、撲食之規律編排的套路。

1. 左鷹捉開式（或劈拳）（圖 4－174、圖 4－175）

2. 熊形（搋筐）

上右腳。左拳由下往上勾打，擊打對方下顎（圖 4－176）。

3. 四個虎跳澗

左右四次下崩拳，欲擊打對方胯以下的部位，或防止

圖4－174

圖4－175

圖4－176

對方起低腿（圖 4－177 ～圖 4－180）。

4. 上步小虎撲

雙手擊打對方胸部（圖 4－181）。

圖4－177　圖4－178　圖4－179

圖4－180　圖4－181

5. 虎　托

雙手由撲變成雙掌搓，托對方兩肋以便將對方托起，或將對方兩肋搓傷（圖4－182）。

圖4－182

6. 上步大虎撲

如果對方後撤沒被托起，我再由托的動作急速變成大動作的撲打之勢，雙掌向前擊打對方胸部（圖4－183）。

7. 轉身虎托

360度轉身再搓、托對方，欲將其托出（圖4－184、圖4－185）。

圖4－183　圖4－184　圖4－185

8. 再上步虎抱頭

同樣是大虎撲的打法（圖4－186）。

圖4－186

9. 虎　坐

撲完後撤，單腿後跳，用臀部的後坐力擊打對方（圖4－187）。

10. 順步炮拳

墊一步，順勢架打（圖4－188）。

11. 原地橫拳

姿勢下沉，左拳從右臂下橫出（橫出順打）（圖4－189）。

圖4－187　圖4－188　圖4－189

12. 龍虎相交

右拳劈出，直打對方臉和胸部。同時，起左腳蹬踢對方，是連踢帶打的動作（圖4－190）。

13. 黑虎出洞

上步雙拳同時打出（陽拳，拳心向上），猶如黑虎掏心之勢（圖4－191）。

圖4－190

圖4－191

14. 上步換影

上步雙手抓對方前胸，然後轉身用臀部緊靠對方身體，將其背摔倒地。在摔跤中是「揣」的動作，也叫「大背」（圖4－192～圖4－194）。

15. 三個虎擺尾

上步。用前手至胳膊部位抽打對方頭至上肢任何一個部位，後手還有撐打之意（圖4－195～圖4－197）。

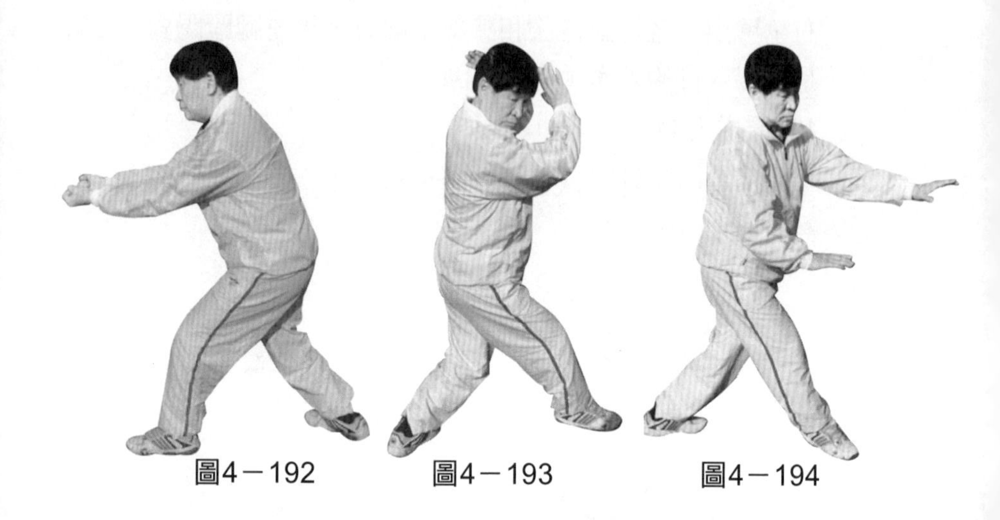

圖4－192　圖4－193　圖4－194

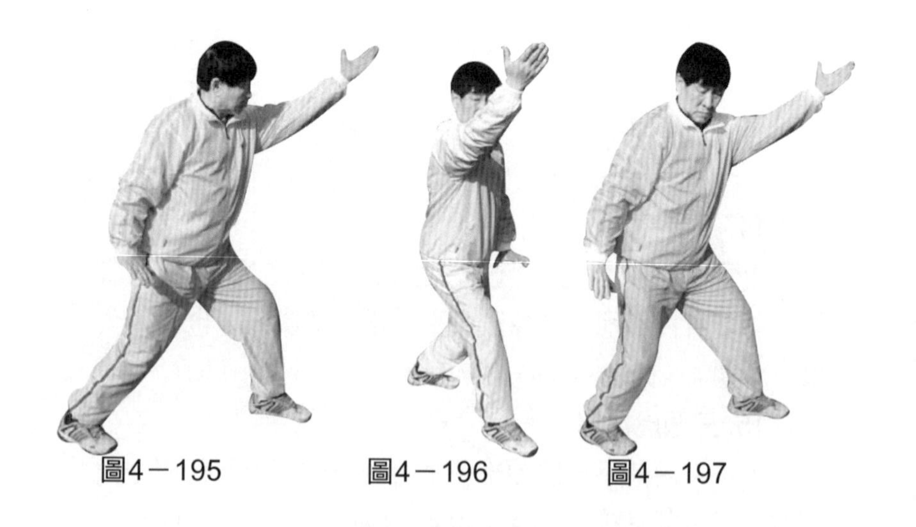

圖4－195　圖4－196　圖4－197

然後再重新往回練一遍，直至三個虎擺尾後，上步虎撲（圖4－198），再上步虎托（圖4－199）（左腳在前），收勢（圖4－200，圖4－201，圖4－202）。

圖4－198　圖4－199

圖4－200　圖4－201　圖4－202

二、龍　形

龍形是十二形套路拳的一形，各門、各派都在練，但很多支派所練的龍形只是一兩個動作，如駱興武所傳只是「蟄龍升天」、「懶龍臥道」；山西所傳也是「青龍翻身」、「青龍鑽天」；唯有尚雲祥早期弟子在瀋陽這一支（因為尚雲祥和弟子辛健侯都開武館），張定一和辛健侯所練的是整套二十個動作的套路拳，它的動作非常優美、大方、漂亮，很適合表演。其在青龍翻身的動作上有極高的難度。黃柏年曾寫道：「所謂龍形者，蓋因是拳練至最深處，似龍蛇飛舞、行藏之態。」

原來要求騰空時兩腳要蹬踢到前、後兩個人的胸部，因現在很少有人能做到位，所以大部分練者都是象徵性地一跳一落，有個前踢的動作，而省去了後蹬的動作。年輕人吃不了苦，老師再保守一點，也省得教的費勁，再加上老師上了年紀也教不動了，久而久之是能練到位者越來越少了。為了繼承真正的功夫，還是將其寫出傳下去……

1. 預備式

身體自然直立，兩腳儘量站成 90 度。雙手成拳在下丹田的左、右兩邊，然後身體微微下沉，右拳由下抖到心口處，再向前奔眉毛或腦蓋的高度，扔勁到最遠處，最好能形成由肩經肘窩、到前邊成 130 度～ 140 度的角度，這樣它就有很強的支撐力，並且你胳膊上同時有肘和肩的兩個受力點，如果對方來勁，你就經得住；否則你胳膊是直的，只有肩一點受力是挺不住的。

2. 左式鷹捉開式（圖 4－203 ～圖 4－205）

3. 青龍翻身（圖 4－206 ～圖 4－209）

圖4－203

圖4－204

圖4－205

圖4－206

圖4－207

圖4－208

4. 青龍翻身（圖 4－210、圖 4－211）

5. 青龍鑽天（圖 4－212）

圖4－209

圖4－210

圖4－211

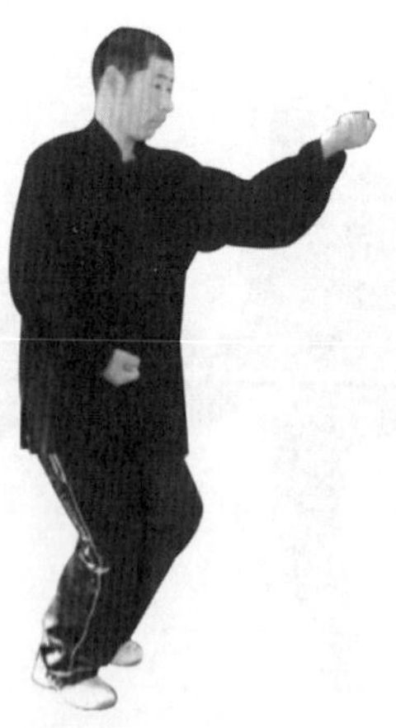

圖4－212

6. 青龍出水（圖 4－213）

7. 望眉展甲（圖 4－214）

8. 青龍入水（掩左肘上步劈拳）（圖 4－215、圖 4－216）

9. 青龍探爪（坐步劈）（圖 4－217）

圖4－213　圖4－214

圖4－215　圖4－216　圖4－217

10. 墊右步右劈掌（圖4－218）

11. 青龍展腰（換步右撥掌，轉身左片掌）（圖4－219）

12. 青龍鑽天（上步鑽天）（圖4－220）

13. 退步探爪（反斜身探爪）（圖4－221）

圖4－218

圖4－219

圖4－220

圖4－221

14. 上步炮拳（圖 4－222）

15. 青龍入水，上步左蛇形（圖 4－223）

16. 青龍升天（圖 4－224）

17. 青龍入水，上步右蛇形（圖 4－225）

圖4－222

圖4－223

圖4－224

圖4－225

18. 青龍升天（圖 4－226）

19. 上步崩拳（圖 4－227）

20. 狸貓倒上樹（圖 4－228 ～圖 4－230）

圖4－226

圖4－227

圖4－228

圖4－229

圖4－230

21. 青龍翻身（圖 4－231、圖 4－232）

繼續回練，打到起式地時收式（圖 4－233 ～圖 4－235）。

圖4－231

圖4－232

圖4－233

圖4－234

圖4－235

三、馬　形

在自然界，野馬為了更好的生存，為了證明本身是良種，為了配偶，為了爭奪馬王的位子，它們會利用自身的強悍，用前腿和蹄拼命地刨對手，也會用後蹄反踢對手，並且還會用粗壯、結實的頭、脖項去靠打對手…… 武者見到馬在爭鬥的情景，創出了很實用的一套拳——馬形。

1. 預備式

身體自然直立，雙腳成 90 度。雙手由下向上揚起再下扣於丹田處變拳上翻，同時身體下沉（圖 4－236～圖 4－240）。

2. 原地右鑽拳

身體不動，右手由下丹田處向上抖至心口處，再 45 度向正前方鑽出（平鑽），也可立直拳出到正前方，再橫拳螺旋抖出（出手是鑽拳，也可為橫拳）（圖 4－241）。

圖4－236

圖4－237

圖4－238

3. 上左腳左鷹捉

右拳不動，急伸左拳由下丹田處伸到兩拳相交時，同時翻掌，左掌向前劈下，前手臂高度平於胸，前手指尖不要高過手腕四指高，也不要低於三指，以防對方拿你反關節；右掌急速撤回停於下丹田處，兩手臂都是螺旋擰裹勁，前手有戳打翻浪之勁之意，後手有勾竿捋打之力之能（圖 4－242、圖 4－243）。

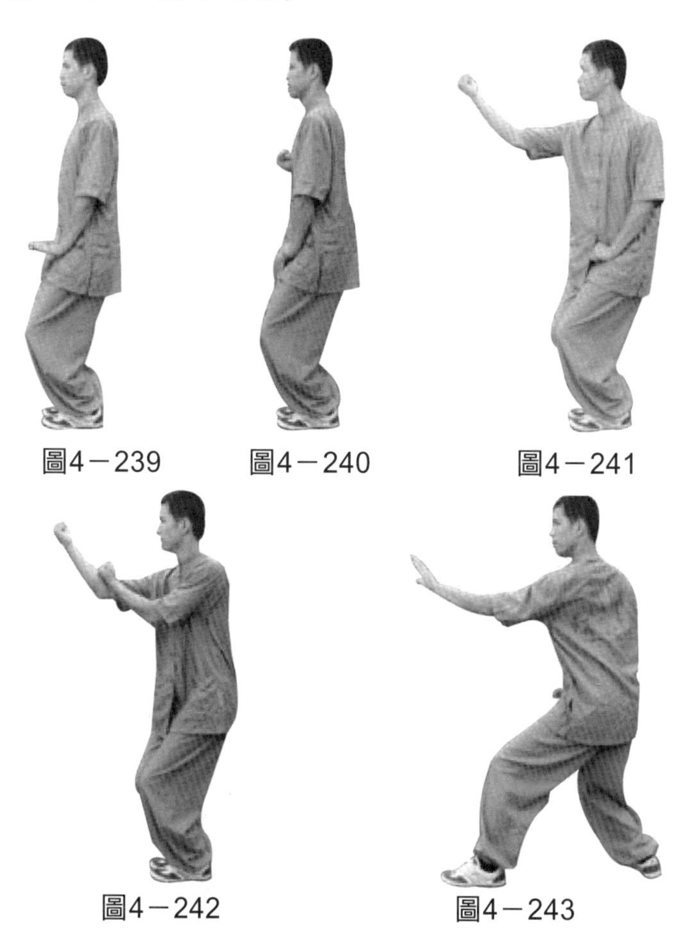

圖4－239　圖4－240　圖4－241

圖4－242　圖4－243

4. 雙掩肘

雙手馬形（三次）：

（1）雙手同時變拳，左拳在前，左手臂切打對方前拳；右拳在後，用拳和腕扣買對方拳頭。如其撤拳，急速上步，雙拳同時擊打其前胸（圖4－244、圖4－245）。

（2）再變右式（圖4－246、圖4－247）。

圖4－244 圖4－245

圖4－246 圖4－247

（3）再變左式（圖4－248、圖4－249）。

5. 野馬豎碑

雙手馬形，打至右腳在前急速撤回踏地（單腳獨立），重心在右腿上，如果踩到對方腳上，可將對方腳骨踩傷。同時，雙拳由下向上螺旋打出，意在擊打對方下頷，使其受傷。雙拳向上打出如不中，同時可用雙肘下砸對方身體（圖4－250、圖4－251）。

圖4－248　圖4－249

圖4－250　圖4－251

6. 野馬撞槽

雙拳由上向下翻轉擊打對方前胸，如同野馬用兩前蹄刨人。如果對方直拳打你，正對碰到你的雙拳面時就會被反彈出去（圖4－252）。

7. 左手切打

用左手和小臂（刀骨）切打對方（圖4－253）。

8. 右手切打

用右手和小臂（刀骨）切打對方（圖4－254）。

圖4－252　　圖4－253　　圖4－254

9. 野馬亮蹄

右手切打完，起右膝頂截對方，展腿出腳側踢對方（圖4－255、圖4－256）。

10. 轉身反蹄

右腳落下後，轉身用左腳、腿踢對方。雙拳同時掙開抽打對方（圖 4－257、圖 4－258）。

圖4－255

圖4－256

圖4－257

圖4－258

11. 野馬蹬踢

左腿擊打完後，再起右腳，用腳跟刨對方前胸（圖4－259～圖4－261）。

圖4－259　　圖4－260　　圖4－261

12. 單手馬形

用右拳（陰拳）擊打對方（圖4－262）。

13. 馬　袖

右拳擊出後，馬上用左掌順右拳上劈出（左鷹捉，主要是防對方抓拽你的右拳）（圖4－263）。

14. 三個野馬分鬃

上右步。用右手臂向斜前螺旋勁抽打對方（頭、脖子使勁）。右、左、右連續三個分鬃（注意，前腳要走到對方前腳後買住對方前腿，再抖勁將其摔倒）。野馬分鬃用的是橫拳見橫的靠、抖勁（圖4－264～圖4－269）。

圖4－262

圖4－263

圖4－264

圖4－265

圖4－266

圖4－267

圖4－268

圖4－269

15. 上步劈拳

上左步，劈拳打出，鷹捉也可（圖 4－270）。

轉身繼續回練，直至練到上步劈拳，再轉身，到左式劈拳（或鷹捉）時將呼吸調勻，稍站片刻再收勢（因為形意拳的每套拳都是往返練一個來回）（圖4－271～圖4－273）。

圖4－270

圖4－271

圖4－272

圖4－273

四、雞　形

雞形是形意拳十二形套路中在全國流行比較廣的一套拳，每個地區，每個派系（山西派、河北派）的習拳人都在練，但幾乎每個地區練的都是雞形四把（雞形撕把），動作比較少；有的地區還沒有動作的拆手，不知動作的用法。

金雞好鬥，自古就有很多地方常舉行鬥雞活動，或用鬥雞來賭博。可見金雞的習性生來就是好鬥，所以形意拳十二形套路中有此一形。

金雞在打鬥中翅（人的手）爪（人的腳）都在用，有時也用嘴啄。2003 年 10 月，我在北京全國形意拳邀請賽做裁判時，有位老形意拳師問我：「形意拳怎麼還有用腿的？」我說：「形意拳的腿法很多，野馬反蹄，蹬踢用的是腿和腳，蟄龍升天也用的是腳和手，金雞探爪，鬥雞時用得最多。有很多練形意拳的人只注重練拳，忽略了腳的用法，或是練不到位，就不練了！」

曾有位形意大師告訴我：「形意打人屬大雞。」原來我沒明白，雞、燕都是較小的動物，沒有虎之威猛，鷹之兇狠；透過常年和弟子、學生的拆手，及和他人實戰應用，現在弄明白了，金雞有靈巧多變的身法和不怕死的鬥志，也有一招制敵的動作。雞雖是較小的動物，但動物中雞的腿是最有力的，它在睡眠或獨立站著時，一條腿能支起十倍於腿的身軀，所以練形意拳的人首先要練「雞腿」，雞腿功夫是至關重要的。

本文所講的雞形是張定一、辛健侯兩位老前輩傳給恩師張國良和已故師叔楊俊秀的，他們二老早年教授於我，將動作、勁路、技法的變化都講得非常清楚，並提到在實戰中不可拘於成法，須隨機應變。

本套路，我門中所習者從未登諸書刊，少為人知詳。為了不使其湮沒，我現在按老師的教授和個人的體會及長年的應用寫出，供愛好者再舉一反三，也使其廣為流傳。

1. 預備式

身體直立，兩腳跟靠攏，兩腳尖成90°。兩手（陽掌）由下丹田處往上提起至胸高，同時用肺將氣吸滿（最好是炸肋吸氣），然後雙手下翻變成陰掌，再至下丹田處變拳擰轉，停于下丹田兩邊，同時氣也由肺部向下行至下丹田處，久而久之下丹田有所充實。整個過程是用雙手貼身，給自己上半身做了個按摩（圖4－274）。

圖4－274

2. 定步鑽拳

身體微沉，兩腳不動。右拳由下丹田揚起，抖至中丹田處向前方鑽出，打到與眉同高，為定步鑽拳（定步鑽拳時，右拳至肘與豎直線應為45度至50度角之間，再到右肩應成130度角，這樣才能有挺力，才能捧得住）；也可在運行過程中，變為螺旋勁成橫拳化解對方打來之拳。鑽拳是撥化勁（圖4－275）。

3. 上步鷹捉

在化解開對方來拳後，上左腳。左拳也急速由下經右拳上行，到兩拳相疊時兩拳變掌，左手向前打出（如刀挫），右手撤回可捋拽對方（如勾竿），為上步鷹捉，是劈打對方頭部或胸部，也可用放勁將對方放出兩米或丈外。此動作可變多種用法（圖4－276）。

圖4－275

圖4－276

4. 上步措掌

前手不動，前腳不動，後腳上半步，到兩腳併一塊時，右手由下急速地向前撩出，為撩陰掌。

措掌是撩陰手法，其用法一般是抽打對方的襠部，使之疼痛難忍，再回手，瞬間還有勾拽對方睾丸的動作，（這個動作只能在對敵的戰鬥中使用）。在沙土地上也可用手指撩起沙土揚對方的臉、眼，讓對方瞬間一走神，達到攻其不備的目的（圖 4－277）。

5. 金雞獨立式

撤步金雞獨立式，用撩陰掌擰裹的回捋，撥、拽對方的手，同時左掌劈打對方前胸（圖 4－278）。

6. 金雞走步（四步）

急速上步。連續右、左四個穿掌（四步），擊打對方的眼、臉、咽喉，或者膻中、鳩尾穴。總之，每下都是非

圖4－277

圖4－278

常厲害的殺手，大有一擊必殺之勢。拳經云：「神仙也怕穿三穿」，雞形卻是四穿掌（圖 4－279、圖 4－280）。

7. 金雞單展翅

用左手撥、化勁按打對方胯或襠，如雞在單展一隻翅膀一樣（圖 4－281）。

圖4－279　圖4－280　圖4－281

8. 金雞食米

右手變拳，向斜下方用崩拳打對方的腿（圖 4－282）。

9. 雞伸懶翅

下崩拳變掌，捋、拽對方，或撥、化般地撤回（圖 4－283）。

10. 金雞探爪又獨立

急速由下起右腳蹬、踢對方前胸以下，並快速撤回左手再劈出（圖 4－284、圖 4－285）。

圖4－282

圖4－283

圖4－284

圖4－285

11. 金雞食米

右手變拳向斜下方崩出（圖 4－286）。

12. 金雞抖翎

再變掌，雙掌擰裹螺旋向外，雙肘撐打，用的是抖腰、胯之力，如同金雞抖動翅膀翎毛。

【用　法】

如被對方摟抱，我可用雙肘掙打對方軟肋或前胸（殺傷力很大），掙開對方的摟抱，也可用抖動的胯打（圖4－287）。

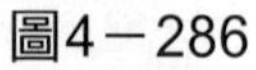

圖4－286

圖4－287

13. 金雞上架

上左腳。右手螺旋由上往下撥買下對方來拳，左手由下向上用撐圓的虎口擊打對方脖子（此掌為金雞鎖喉掌）。有很多人把左手放到了自己的臉上，以防對方打自己的臉。這是不恰當的，形意拳講：「直打直進無遮攔。」，進攻是最好的防守（圖 4－288）。

14. 金雞報曉

前腳撤回，後腳上前。左手由上螺旋下撥，右手上挑對方（由襠直挑打到對方的臉）（圖 4－289）。

15. 金雞亂點頭（三次）

左後腳、右前腳相互措步。左右手也相互由下至上、由上到下挑打對方襠部或胸部，連續三次（圖 4－290、圖 4－291）。

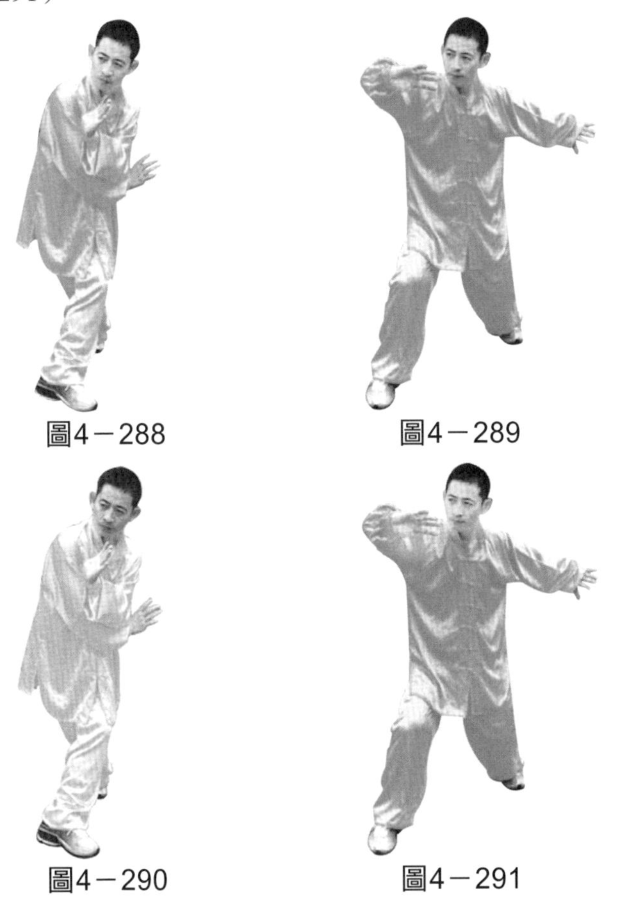

圖4－288　圖4－289

圖4－290　圖4－291

16. 望眉展甲「又獨立」

左手在下後，右手在前時，右手螺旋劃圈，由上往下往回拽買對方前手，左手急速由後下向前劈打對方。前右腳撤回，左腳抬起貼於右腿邊，為金雞獨立式（圖 4－292）。

圖4－292

17. 上步措掌，繼續回練

再上步，先上左腳，再上右腳。右手撩陰，上步鷹捉，繼續往回再練一遍，練到起勢地點打出左手鷹捉，雙手變拳上揚，下扣於丹田處（注意，必須要把呼吸調勻），上步併腳，起身行禮收勢（圖 4－293～圖 4－295）。

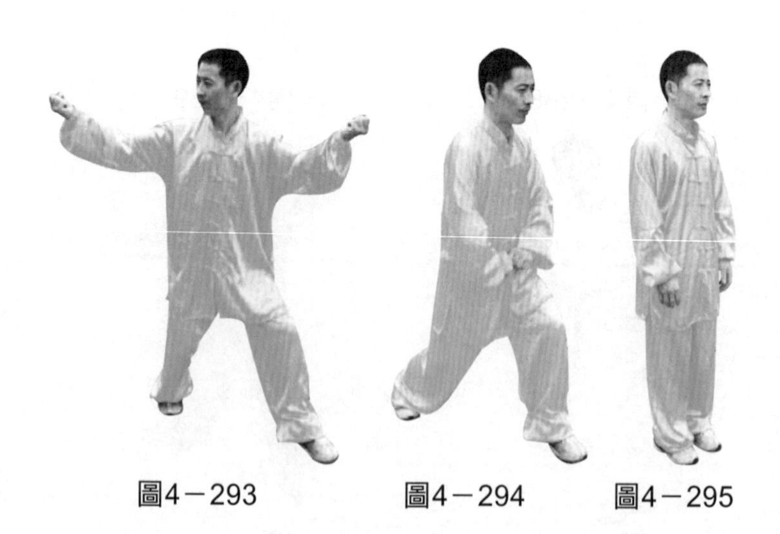

圖4－293　圖4－294　圖4－295

五、燕　形

過去練武的人，大部分都在少年時就開始練功，練習壓腿劈叉、彎腰、翻跟頭、打把式、踢旋風腳、連環腳等柔軟功夫的基本功，所以表演起來，看著非常漂亮，打比賽也容易得分，非常受觀眾喜歡。這些都是練外家拳所必須練的。

然而習練內家拳的人，多數不是從小開始練功，也不太強調那些基本功。開始時站一站三體式樁，打一打五行拳，不必非壓腿。但是腰、腿的柔韌性好了，對練什麼拳都有一定的好處。

首先是表演好看、漂亮；其次是動作能做到位，身法靈活；再者腰、腿好也有益於健康長壽。但到老年時，必須結合內功心法來練，否則就會有點力不從心。

實質上形意拳也有鍛鍊腰、腿功夫的套路拳，比如龍形、燕形，也都有高、飄、低、俯動作瀟灑的高難動作，要求腰腿非常靈活。有許多拳師是年齡逐漸大了，動作練不到位而將其簡化。

燕形的燕子鑽天是凌空側踹，要蹬踢到對方胸上這個動作才算完美，而落地時的動作要能從板凳下面過去（兩個板凳上擔一竹竿，人從下面鑽過）。我們過去都是這樣練功。我的恩師張國良在80歲時還能從兩個板凳中間放個竿的下面鑽過去。

圖4－296

1. 預備式

身體自然直立，稍微下沉，兩腳分開成90度，用肺自然吸氣，將氣吸足（圖4－296）。

2. 左式鷹捉開式

兩手握拳置於下丹田兩邊，右拳由下抖起到心口，然後向前方眉眼處扔出；然後左拳由下出經右膊肘窩處直奔右拳上，兩拳相疊時急速翻轉變掌，左掌向前劈出。同時，上左腳。右掌撤到右側胯的上邊，為左三體式，兩拳變掌，左掌向前，右掌向後，有二力分爭之勁，右掌似有撕綿之力（圖4－297、圖4－298）。

圖4－297

圖4－298

3. 燕子側身

左掌下按，右後掌由下往上揚，並向後穿。同時擰腰，身體向後旋轉（圖 4－299）。

4. 燕子穿林

身體下式，右掌向前抖打，再上左步；左掌穿抖、翻身，再上右步，抖掌鑽打；再上左步，左腳、右掌在前（共是四個）（圖 4－300 ～圖 4－304）。

圖4－299

圖4－300

圖4－301

圖4－302

圖4－303　　圖4－304

5. 插　掌

右掌由後往前從上向下插，同時左掌由下往上使勁，化解對方抓右手腕的動作，並擊打對方手臂（圖4－305）。

6. 燕子展翅

左、右手掌同時翻轉，二力分爭，右掌鑽天，左掌插地。同時，抬左腳成金雞獨立式（圖4－306）。

7. 纏頭削掌

右掌由上旋轉，左掌翻轉成陽掌，同時右掌繞頭一圈削向左掌。左前腳落地，墊步欲跳起（圖4－307、圖4－308）。

圖4－305

圖4－306

圖4－307

圖4－308

8. 燕子鑽天

雙腳往前跳起，同時左腳在前在上，右腳在下在後，凌空側踹、踢對方（有如鴛鴦拳的連環腿法）（圖 4－309）。

圖4－309

9. 燕子俯地

凌空側踹落地後，身體下勢猶如貼地皮一樣悠過，動作特別輕靈（圖 4－310）。

10. 燕子三抄水

身體往回撤，右手捋抓對方手腕往後拽，同時左手按住對方膝蓋，使對方下身不能動，而上身被拽傾斜，並被拋出或摔倒（連續做三次）（圖 4－311 ～圖 4－315）。

圖4－310

圖4－311

圖4－312

圖4－313

圖4－314

圖4－315

11. 燕子蹬腳（金雞獨立式）

用右手捋抓對方。同時，起右腳蹬踢，順勢右掌帶砍之意（圖 4－316）。

12. 燕子擔水

右腳落地，左腳騰起。同時，右手揚起向後，左手向前如擔水之勢（圖 4－317）。

13. 燕子鑽天再擔水

往前跳，同時再做一次擔水之動作（圖 4－318）。

14. 撩陰掌

上步，後邊的右手同時由後向前抽、撩對方的下檔（圖 4－319）。

15. 回手抹袖

右撩陰掌急速撤回，同時左掌由右手上打出（是擊打對方抓自己右手腕的胳膊）（圖 4－320）。

圖4－316

圖4－317

16. 上步鑽拳

上右步。同時，右拳平鑽出，欲擊打對方下頜部或臉部，可將對方打倒或擊出兩米外（圖 4－321）。

圖4－318　圖4－319

圖4－320　圖4－321

17. 青龍探爪

身體整個後跳，右拳由前往回撤，變掌再向前打出；同時，左掌也旋轉由下往上抖、撥、化之勁到頭上（圖 4－322）。

圖4－322

18. 回身式（圖 4－323、圖 4－324）。

19. 燕子穿林（四個）

再做一遍四個燕子穿林（圖 4－325、圖 4－326），之後再練一遍，直至練到回身式到開始地點。形意拳的套路都是往返練兩遍後回原地時，打出左式鷹捉，

圖4－323

圖4－324

稍站片刻上右腳，兩手同時下垂起身回式（圖 4－327、圖 4－328）（注意收式時必須將氣調勻）。

圖4－325

圖4－326

圖4－327

圖4－328

六、猴　形

形意拳的十二形套路拳中有猴形一套拳（很多門派中都有猴形拳或猴棍）。猴在自然界生命力極強，遍及世界各地。猴的大腦非常發達，動作敏捷，反映特快，模仿力極強，在動物中是唯一能模仿人的動作的高級動物。

1. 預備式

身體自然站立，兩腳分開成 90 度。雙手掌變拳，拳心朝上置於下丹田兩側，身體稍微下沉（但兩膝不要向外閃）（圖 4－329）。

2. 左鷹捉開式

右拳抬起至心口處，往前行至眉毛或額頭高度，從肩經肘窩到拳成 130 度，手腕抖擻扔出，鑽拳打法（但最好是橫拳勁），然後出左拳經右肘窩奔右拳上。在兩拳相疊時上左腳。同時，兩拳變掌急速翻轉，左掌向前打出，右掌向後捋回到右胯旁，右掌必須平放在胯旁，它可以接對方踢來的邊腿（註：兩拳變掌時是雙手打出的力量，不是有人說多個摩擦力）（圖 4－330、圖 4－331）。

圖4－329

3. 白猿獻果

上步。右掌往前，左掌微撤，同時兩掌心向上托，主要是托打對方兩邊軟肋或直奔對方兩腮（如同猴端個盤子一般）（圖4－332）。

4. 轉身扣鏈

扣左腳轉身。兩手叼對方臉部，主要是叼對方鼻子（兩手前後、上下連續做）（圖4－333～圖4－336）。

圖4－330

圖4－331

圖4－332

圖4－333

5. 白猿坐洞

退步靠打（圖 4－337）。

圖4－334

圖4－335

圖4－336

圖4－337

6. 跳步爬杆

抬腳蹬踩對方前膝，另一隻腳蹬或者跨到對方肩上。兩手連續擊打對方頭部（圖4－338）。

圖4－338

7. 右轉身出洞

向右面轉身，左、右手撥打（圖4－339、圖4－340）。

圖4－339

圖4－340

圖4－341

8. 退步扣鏈

退步，兩手連續叼對方臉、鼻（圖4－341、圖4－342）。

9. 白猿坐洞

退步靠打，與上一個動作相同，只是方向不同（同圖4－337）。

10. 跳步爬杆

同上，方向不同（同圖4－338）。

11. 左轉身坐洞

向左面轉身，右、左兩手快速撥打（圖4－343）。

圖4－342

圖4－343

圖4－344

12. 退步扣鏈

同上（是交叉四個方向，動作相同）（同圖4－341、圖4－342）。

13. 白猿坐洞

同上（同圖4－337）。

14. 跳步爬杆

同上（同圖4－338）。

15. 白猿三出洞

上步（三次），兩手三次左右撥打（有人叫猴洗臉）（圖4－344～圖4－346）。

圖4－345

圖4－346

16. 白猿坐洞

同上（同圖4－337）。

17. 左轉身出洞

同上（同圖4－343）。

18. 退步扣鏈

同上（同圖4－341、圖4－342）。

19. 白猿坐洞

同上（同圖4－337）。

20. 跳步爬杆

同上（同圖4－338）。

21. 右轉身出洞

同上（同圖4－339、圖4－340）。

22. 退步扣鏈

同上（同圖4－341、圖4－342）。

23. 跳步爬杆

同上（同圖4－338）。

24. 回轉三出洞

同上（同圖4－344～圖4－346）。

25. 白猿獻果

同上（同圖4－332）。

26. 轉身坐洞

打出左鷹捉開式三體式，稍站片刻調勻呼吸後收式（圖4－347～圖4－349）。

套路拳只有猴形和雜式錘不是連續往返練兩遍後收式。瀋陽辛健侯這一支張國良精燕形、雞形，楊俊秀精猴形、蛇形，井盛文精虎形、馬形，常玉林精鼉形、鷂形及八卦掌。

圖4－347　　圖4－348

圖4－349

七、鷂　形

鷂是一種捕食鴿子等鳥類的小鷹，在野外經常捕抓鵪鶉、山雞和各種鳥類，以飛行速度快、耐力強而見長。在飛行捕食中，它的靈敏度極高，反映變化特快。

形意拳十二形裡已經有了鷹形（大型的鷹類），也有獵人馴養出來幫助打獵用的駘（禿尾巴鷹），為什麼還要有鷂形（鴿子鷹）？這是因為鷂的速度快、靈敏度高及小巧但又兇殘性。各種鷹在自然界都是少有天敵的，它們應該屬於強者。

1. 預備式

身體自然站立，兩腳分開成90度。雙手成拳（陽拳），置於下丹田兩側，身體稍微下沉，兩膝靠緊（圖4－350）。

圖4－350

2. 左鷹捉開式

右拳由下往上抖到心口處，拳眼朝裡，然後奔斜前方眉毛高處直出，到由肩經肘窩至拳成130度角時，拳像抖撥浪鼓一樣抖翻成陽拳，這是橫化勁；然後左拳由下往上經右拳肘窩上行至兩拳相疊時，兩拳同時急速翻轉成掌，左掌翻浪勁地往前向下劈出，右掌像撕布一樣用力往回捋到右胯旁。這也是形意拳譜所說的：「前手打人，後手使勁」（圖4－351）。

3. 鷂子鑽天

上步鑽拳，用右拳直捶對方頭臉（拳是斜出平捶勁）（圖4－352）。

圖4－351　　圖4－352

4. 鷂子入林（往返四次）

右拳變掌抖打，再上步左拳直捶；然後左拳變掌抖打，再上步右拳直捶後再抖打；再上步左拳直捶…… 然後轉身，再做兩遍（拳可以不用，都變成掌打）。勢子要低，速度越快越好，如同鷂鷹在樹林子裡邊抓雀一樣（圖4－353～圖4－356）。

5. 上步左劈拳

上左步，左拳劈打（圖4－357）。

6. 上步右劈拳

上右步，右拳劈打（圖4－358）。

圖4－353 圖4－354

圖4－355 圖4－356

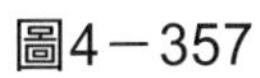

圖4－357

圖4－358

7. 上步炮拳

上步一撥化架打斜勁（圖 4－359、圖 4－360）。

圖4－359

圖4－360

8. 鎖手上步炮拳

雙手往下捋帶，再上步撥化架打（圖 4－361、圖 4－362）。

9. 掩左肘上步橫拳（反身撲鶴鶉）

用左手臂撥打、格化，再上步斜出拳順打，反轉身雙手左右撲打（像鷂鷹撲抓鵪鶉一樣）（圖 4－363 ～圖 4－365）。

10. 掩右肘上步橫拳（反身撲鶴鶉）

用右手小臂格化、撥打，再上步旋轉斜出拳順打，再反身雙手右左撲打（圖 4－366）。

11. 大翻身撲家雀（二個）

兩腳離地跳起，雙手有捋帶抓拿之意，撲打欲將對方摔倒或拋出。然後再翻身做一次，動作一樣，勁力一樣（圖 4－367）。

圖4－361

圖4－362

圖4－363

圖4－364

圖4－365

圖4－366

圖4－367

12. 鎖手上步炮拳

用雙手抓對方，然後雙手急速翻轉成拳，拳心在上，有砸打之意。然後上步支頂，旋轉撥化，另一拳斜打，像發射的炮彈一樣（圖 4－368、圖 4－369）。

圖4－368

圖4－369

13. 上步鑽拳

上步，拳頭拳心在上，平直斜向對方頭、臉直擊過去（欲將對方身體平打出去，或擊對方下頜將其擊倒）（圖 4－370）。

14. 回身鷂子入林

轉身右拳變勾摟手，掛、摟對方前手腕，順勢抖出或直抖到對方臉部，如同扇個大嘴巴一樣（圖 4－371 ～圖 4－373）。

圖4－370

圖4－371

圖4－372

圖4－373

15. 左式鷹捉

上左腳，打出左掌成左三體式（圖 4－374）。

繼續回練，直到打回起式地時再打出左三體式，稍站半分鐘調勻呼吸後收式（圖 4－375 ～圖 4－377）。

圖4－374　圖4－375

圖4－376　圖4－377

八、鼊　形

鼊是一種昆蟲，浮游在水面上。北方人管它叫「香油」、「香游」，也有叫「賣油郎」的，它的速度特快，反映極其靈敏，沒有人能抓住它。有練形意拳者將「鼊」的意思理解為「烏龜」，這是錯誤的，烏龜手上沒有進攻的動作，遇事一般情況下都是「縮頭」，以求自保，只有硬殼，比較抗擊打，只有在極特殊的情況下才伸出頭來咬一口！練武的人，沒有任何門派取其長處來創編一套拳。而「香游」動作輕靈，反映又特快……武者根據它的特長而創編出一套拳。

其拳主要特點是身法靈敏，以撥化勁為主，在化中打，有化中拿的巧打功夫。

1. 預備式

身體自然直立，雙腳分開（最好是90度）。雙手由下向上揚起，雙掌的掌刀由下往上（搽著身體往上起，這是給自己的身體做了一次按摩）到胸肺部翻轉，再由拇指的根部搽著身體往下行，到下丹田兩邊（又給自身做了一次按摩），突然抖擻翻轉變成陽拳。同時，身體稍微下沉（圖4－378）。

圖4－378

2. 原地右鑽拳

身體不動，右拳由下向上抖至心口處，在正前方向45度立拳變平鑽出，也可立拳到眉毛高度後螺旋勁抖出（像抖撥浪鼓一樣）。拳經曰：「出手鑽拳」，也可為橫拳，橫拳即是化勁（圖4－379）。

3. 上左步鷹捉

右拳不動，急伸左拳由下往上經右胳膊肘窩直奔到兩拳相疊時，兩拳同時急速翻轉變掌，左掌向前向下劈出（弧形），前手臂高度平於胸，前手指尖不要高過手腕四指，也不要低於三指，這時手、肘到肩成130度，肘肩是兩個受力點，一般來講這只胳膊能經得住300斤的力量；右掌急速撤回停於右胯上，兩手臂都是螺旋、擰裹勁。

前手有戳打的翻浪之勁，後手有勾竿捋打及撩挑之力、之能，可接住對手踢來的邊腿（圖4－380）。

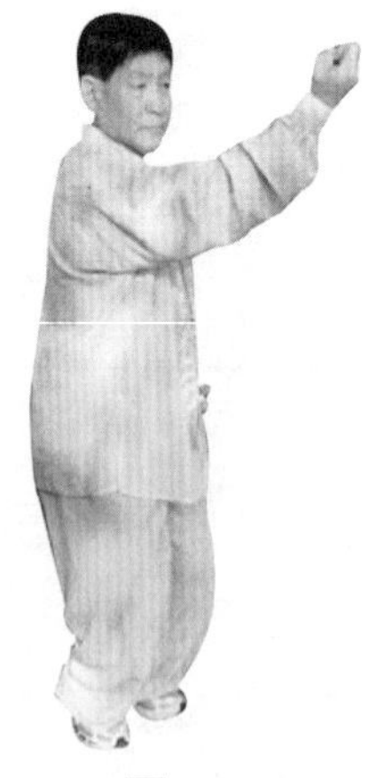

圖4－379

圖4－380

4. 墊步摔掌 退步撥掌

墊步右掌撇打，退步左掌撥化（圖 4－381）。

圖4－381

5. 進步四個鼉形掌

進步，右掌由下往斜前方撥化旋轉；再進步，左掌由下往斜前方旋轉撥化，連續四次，很像太極雲手的動作。右掌撥化時正好左掌打在對方軟肋上，再動左掌撥化時，右掌又正好打在對方的心口上，或另一面的軟肋（圖 4－382、圖 4－383）。

圖4－382

圖4－383

6. 退步四個鼉形掌

退步連續做四次左右撥化、擊打的動作（圖 4－384、圖 4－385）。

7. 熊鷹鬥志（左式）

右拳由下往上勾打（熊摧筐），再上步，左掌往下劈打（左式拗步鷹捉）（圖 4－386、圖 4－387）。

圖4－384

圖4－385

圖4－386

圖4－387

8. 熊鷹鬥志（右式）

左掌變拳，上步由下往上劃弧勾打（熊摝筐），右掌再往下斜著發力劈打，是右式拗步鷹捉（圖4－388、圖4－389）。

圖4－388

圖4－389

9. 鼉形窩

是一個擒拿手法，右手旋轉順勢滑到對方手腕上買住往下壓（叼勁），左手往前到對方肘底下往上托，正好是用的反關節拿法（圖4－390、圖4－391）。

10. 回身轉式鼉形窩

轉身換手，左手叼買對方手腕，右手托對方肘低，拿對方反關節（圖4－392～圖4－394）。

11. 左捋手

左手叼捋對方手腕，右手捋帶對方肘及胳膊，欲將對方撇出摔倒，手上還帶有打的勁（圖4－395）。

圖4－390 圖4－391 圖4－392

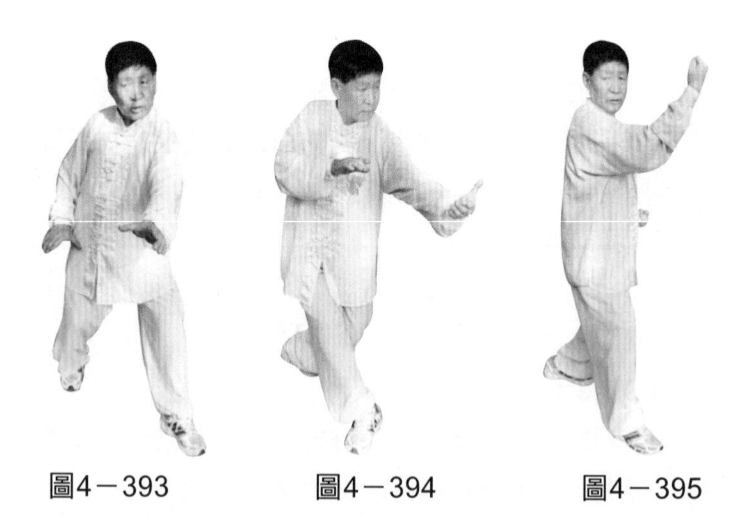

圖4－393 圖4－394 圖4－395

12. 右捋手

和上個動作相同，只是兩手換了個位置。右手叼捋，左手打（圖 4－396）。

13. 上步偷打

左手瞬間旋轉撥化，右拳從下突然打出（圖 4－397）。

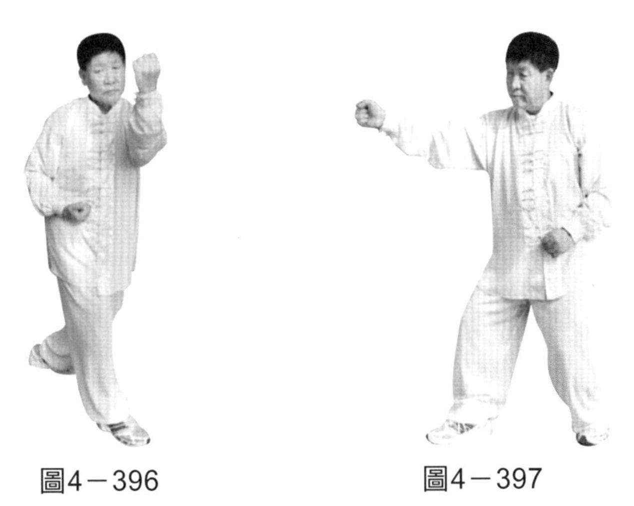

圖4－396　　圖4－397

14. 反背錘

急轉身，用拳掄打對方頭部或胸部（圖 4－398）。

15. 望眉展甲

右拳由下往上劃圈（捱勁），變掌捋帶又往下，左掌順勢由下往上翻浪勁劈出（成金雞獨立式）（圖 4－399）。

16. 進步摔掌

邁步，右掌摔打（圖 4－400、圖 4－401），退步撥掌，繼續回練，打到起式地成左三體式，稍站半分鐘調勻呼吸後起身上步收式（圖 4－402、圖 4－403）。

圖4－398　圖4－399　圖4－400

圖4－401　圖4－402　圖4－403

九、蛇　形

蛇在自然界存活了數萬年，生命力極強，是一種食肉性的兩棲爬行動物。它主要吃鼠類，但小動物它也從不放過，有時還會傷及人類。習武者根據蛇在自然界捕食中的打鬥動作，編創出了多種拳法，有蛇形拳（很多門派有單練的）、蛇形掌。

形意拳的十二形套路中也有一套拳——蛇形雜式，但大部分人只會練蛇形單式，沒有幾個會練蛇形雜式套路拳的，瀋陽辛鍵侯這一支，也是由張定一單獨傳給了張國良和楊俊秀。

1. 預備式

身體直立，自然放鬆（圖 4－404）。

2. 左鷹捉開式

左手鷹捉（掌）在前，左腳在前，也就是伸手邁步成左三體式（圖 4－405、圖 4－406）。

圖4－404

圖4－405

3. 金蛇過道（懶龍臥道）

和其他雜式拳的動作一樣，只不過是在蛇形中叫法不一樣，為金蛇過道，是左手撥化對方來拳，而用右腳蹬、踢、跺、踩對方前腳的半月板部分（膝關節的側面），這個部位是不吃力的（圖 4－407 ～圖 4－409）。

圖4－406　圖4－407

圖4－408　圖4－409

4. 金蛇鑽天

左腳向外側。左拳由下劃弧線向上鑽出（圖 4－410）。

5. 金蛇翻身

右拳由後向前劃半圓變掌捋、帶對方前胳膊，然後左掌劈打對方（圖 4－411）。

圖4－410

圖4－411

6. 蛇形式（左、右各二次）

左手由上向下切打，然後再迅速向上挑打，右手也由上向下切打，然後迅速向上挑打，連續做兩次（圖 4－412～圖 4－419）。

7. 蛇盤式（左式）

裡外撥掌，左拳前鑽。右腿前跳金雞獨立。右指二龍取珠（圖 4－420、圖 4－421）。

圖4－412

圖4－413

圖4－414

圖4－415

圖4－416

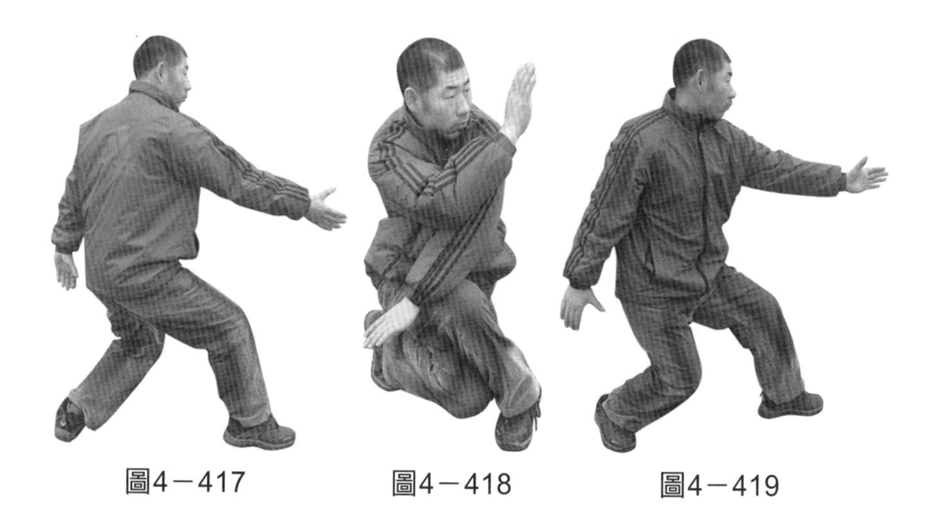

圖4－417　圖4－418　圖4－419

圖4－420

圖4－421

8. 蛇盤式（右式）

裡外撥掌，右拳前鑽。左腿前跳金雞獨立。左指二龍取珠（圖 4－422、圖 4－423）。

9. 巨蟒出洞

上步左鑽拳（圖 4－424）。

10. 雙龍取珠

用掌撥化，然後食指、中指戳對方眼睛（圖 4－425、圖 4－426）。

11. 怪蟒翻身

鑽拳、劈拳（圖 4－427、圖 4－428）。

12. 金蛇獨立

右掌切打對方（往下），右掌虎口鎖打對方咽喉（圖 4－429）。

圖4－422　圖4－423　圖4－424

圖4－425　圖4－426　圖4－427

圖4－428

圖4－429

13. 金蛇奔躍

前後錯步，雙手（掌）前後切打、挑打，如同金雞亂點頭（圖 4－430 ～圖 4－433）。

14. 白蛇吐信

墊左步，掩左肘，上步劈拳（圖 4－434）。

圖4－430　圖4－431

圖4－432　圖4－433　圖4－434

15. 右式白蛇吐信

墊右步，掩右肘，上步劈拳（圖 4－435）。

16. 白鶴亮翅

雙拳上架接對方來拳。同時，跳步。左炮拳擊打（圖 4－436 ～圖 4－438）。

圖4－435

圖4－436

圖4－437

圖4－438

17. 上步鑽拳

上右步。右拳鑽打（圖 4－439）。

18. 葉底看花

右拳由上旋轉往下擊打對方下襠，同時左拳由下往上架（圖 4－440）。

19. 轉身下勢

然後轉身擰腰，雙臂抖動欲拿對方，同時有挑打之意（圖 4－441、圖 4－442）。

20. 金蛇過道

右手上揚接架對方來拳往下崩打。同時，上步蹬、踢……（圖 4－443 ～圖 4－445）。

圖4－439

圖4－440

圖4－441

圖4－442

圖4－443

圖4－444

圖4－445

繼續回練，直練到再轉身，到起式的原地處打成三體式，稍站半分鐘，兩次換氣，將呼吸調勻後上步起身收式（圖 4－446、圖 4－447）。

圖4－446

圖4－447

十、駘　形

十二形中的駘形，說法很多，有說成「鮐形」，是指魚；有說成「駘形」，是指一種馬。鮐是大海中的魚，這種魚是成群的，單個本身沒有戰鬥能力（沒有太大個兒的），是鯊魚等的口中餐，只有被吃的份。駘是一種劣質馬，況且十二形中已有馬形。「駘」是一種中型的禿尾巴鷹（被獵人馴化，幫獵人打獵，獵人出行時蹲在獵人的肩上），能捕食一些小動物，如山雞、野兔等，它在攻擊時主要用翅膀和爪擊打。

1. 鷹捉開式

和別的套路拳開式一樣，右拳從心口往斜前上方打出或抖出螺旋勁，成陽拳，然後左拳也是陽拳從心口經右拳肘窩上往前，到雙拳重疊時雙拳同時翻轉變掌，左掌向前劈打，右掌急速往回捋帶到下丹田的右側（圖4－448、圖4－449）。

圖4－448

2. 鮐離架

右手撥化、捋拿對方前手，左手擊打對方（鷂子束身的練法）（圖4－450、圖4－451）。

圖4－449

圖4－450

圖4－451

3. 左展翅撲錘

左手掌撥化按打，再上步右崩拳擊打（圖 4－452）。

4. 右展翅撲錘

右拳變掌翻撥化按打，再撤步左崩拳擊打（圖 4－453）。

5. 上步雙撲翅

上步雙掌撲打（圖 4－454）。

6. 墊步雙崩沖天錘：雙掌變拳由下往上旋轉擊打對方的下頜（圖 4－455）。

7. 下衝雙撞錘

雙拳由裡向外翻轉下沉，擊打對方胸部（圖 4－456）。

8. 展左翅左腳攔截

用雙手攔截切打對方前手。同時，起左腳蹬踢對方前腿（也可說是截腿）（圖 4－457）。

圖4－452

圖4－453

圖4－454

圖4－455

圖4－456

圖4－457

9. 展右翅右腳反正攔截

用右手攔截切打對方手臂。同時，起右腳蹬踢對方前腿，然後再變截腳為側踹踢對方（圖 4－458 ～圖 4－460）。

圖4－458

10. 扣右足反踢左腳

右腳踹踢後撤回扣步，反起左腳踹踢對方（圖 4－461、圖 4－462）。

11. 跳步右腳踢

左腳落地的瞬間，起右腳踢對方前胸，帶有腳跟刨、下壓之意，腳掌還帶有踩意（圖 4－463）。

圖4－459

圖4－460

12. 單手扣錘

單拳（拳心向下）擊打對方（圖 4－464）。

13. 上步鮐鷹雙撞錘

上右步。雙拳如馬形打法，同時拳心向下，用拳面擊打（圖 4－465）。

圖4－461 圖4－462

圖4－463 圖4－464 圖4－465

14. 撤步駘形拳

往後退步，雙拳同時往上揚起，分架開對方來拳，再往下、往前行擊打對方下腹、兩腎的部位（注意，用時不可用力，以防打壞對方，要有武德，知道用法即可。形意當年打死人，所以很多師父都不教 形的用法）（圖4－466）。

15. 上步炮拳（右步）

上右步，撥、化、架打，是拗步炮拳（圖4－467）。

圖4－466

圖4－467

16. 雞形震步鎖手

撤步金雞獨立式。同時，雙拳往回帶砸成鎖手勢（圖4－468）。

17. 上步炮拳（左步）

上左步。滾化勁架開對方來拳，同時擊打對方胸、肋部。也是拗步炮拳，但是左架（圖4－469）。

18. 左龍虎相交

原地橫拳後，起左腳踢，右拳打，連踢帶打（圖4－470）。

19. 右龍虎相交

左邊踢完後，再起右腳踢，左拳打，連踢帶打（圖4－471）。

圖4－468

圖4－469

圖4－470

圖4－471

20. 鷂鷹亮翅跳步炮

雙拳同時向上，形成十字手，再往下旋轉。跳步。並形成炮拳擊打式（圖 4－472）。

21. 上步鑽拳

上右步。拳心向上，並由下往斜上前方直擊對方下頜部（圖 4－473）。

圖4－472

圖4－473

22. 葉底看花

側身，右拳由上前方旋轉回撤並向下撩擊對方襠部，左拳同時有向上格擋對方之意（也為上架下打）（圖 4－474）。

圖4－474

23. 轉身下式

如燕子抄水之式，可接

捋對方來拳，按對方前膝蓋將對方扔出（圖 4－475）。

繼續回練：練到再轉身下式此拳開式的位置時，打出左手鷹捉時，稍站一會兒，調勻呼吸再收式（圖 4－476、圖 4－477）。

圖4－475　　圖4－476　　圖4－477

十一、鷹　形

鷹形是根據鷹在其捕抓小山羊、鼠類、兔子、水中游魚及毒蛇等動物時的姿勢而創編出的套路拳。拳經云：「把把不離鷹捉，式式不離虎撲，步步不離雞腿。」可見鷹捉在形意拳中的重要性。

鷹是非常兇猛的飛禽，鷹之獵物，使被獵對象很難逃脫，捕之必中。鷹形的練法必須做到狠、準、靈，「出手如刀挫，回手如鉤杆；抓中有打，打中有抓；得打就打，該抓得抓，能勾也勾，好拿即拿」。

1. 預備式

兩腳成 90°，兩腿併攏直立自然下屈。兩手回撐於丹田處，兩肩自然放鬆（鷹形兩隻手不攥拳，都是掌形）（圖 4－478）。

2. 鷹離巢

身體不動擰腰，右手由丹田起於心口處，螺旋向前方 45° 穿出，如遇對方打來之拳，正好被螺旋勁轉離了方向，並有直穿對方咽喉、臉或眼睛之意（圖 4－479）。

3. 鷹　捉

右腳不動，上左腳。左掌急速翻轉打出（因頭一手已將對方來拳化開），可將對方擊出丈外。要腳下再加上躺踢勁或蹄到對方，使其失去重心。這一巴掌可將對方打倒（圖 4－480）。

圖4－478　圖4－479　圖4－480

4. 鷹回頭

急側身，右掌向後穿出，有抽打之勢；左掌往下按打，可上架下打；可穿掌插對方咽喉或眼瞼下；可按胯打襠，再轉身左掌由下向上翻起穿出，有反抽之意（圖4－481）。

圖4－481

5. 鷹束身

右掌由後往前圈回，十字接手，一手拿擒住對方前手腕，擺頭將對方前胳膊擔於自己肩上；另一手下挑於對方襠下，將對方扛起後扔出摔倒，也可將對方肘關節打傷（圖4－482～圖4－485）。

圖4－482

圖4－483

圖4－484

圖4－485

6. 鷹撥擊

用左前手撥化開對方前拳或掌，甚至是踢來之腿，再穿掌擊打對方，一手連續三次撥、化、打動作。緊跟著再上步。右掌直劈對方，使對方無防守能力（圖4－486～圖4－488）。

圖4－486

7. 鷹戲蛇

撤右腳，右掌向後劃圈再向前打，後撤的同時左手急速撲打對方，如遊戲一般擊打（就像鷹抓毒蛇一樣，連續抓、叨）（圖4－489～圖4－491）。

圖4－487　圖4－488　圖4－489

圖4－490　圖4－491

8. 鷹翻身

向後轉身上步。右掌螺旋撥、打對方前手，並可摸對方後腰，用肩或頭靠打對方，將對方擊撞出丈外；如用腿買管對方，可將對方摔倒。再轉身（退步）。此動作左右兩側都要練到位（圖 4－492 ～圖 4－498）。

圖4－492

圖4－493

圖4－494

圖4－495

圖4－496　　圖4－497　　圖4－498

9. 鷹連擊

轉身後雙手鷹捉，連續兩次打出（圖 4－499、圖 4－500）。

圖4－499

圖4－500

10. 左撥打

用左手撥開對方來拳，也可用力擊打對方胳膊，使其無力反擊，再反手打對方嘴巴子（圖 4－501）。

11. 右撥打

用右手撥開對方來拳，也可用力擊打對方胳膊，反手打對方另一面嘴巴子（速度變化疾快）（圖 4－502）。

圖4－501

圖4－502

12. 雙手鷹捉

雙手捕打，或雙手將對方抓住扔到別的位子，也就是對方數人要打你，你將對方身體較弱、離自己距離近一點的人抓住，將他換個位置替你挨打。同時，起腳踢蹬對方，達到一次打兩個對手的目的（你必須練出很好的鷹爪力）（圖 4－503）。

13. 進步鷹捉

連續五下（左、右）疾步鷹捉擊打對方。鷹捉每一下打出都應有螺旋勁、擰裹勁，有「起落鑽翻動若脫兔的速度」，不發緩若輕風，發即迅如奔雷的氣勢。出手每一下都「前手如刀銼，後手如勾竿」，前手在碰到對方手時螺旋化勁將其買下，順勢下沉勾摟對方前腿或抱住往回使勁，後手急速如銼刀般地把對方平直打出四五米之外。如前手螺旋買住對方前手，可急速上步，出後手劈切對方另一面的脖子或鎖骨，變成切別摔或抱脖切，將對方摔倒或切傷對方鎖骨。

總之，進步鷹捉的打法、摔法和擒法太多，可變成幾十下用法。練武者都說：「神仙也怕穿三穿。」然而進步鷹捉卻是連穿五掌（圖 4－504）。

圖4－503

圖4－504

14. 鷹翻身

如同上段一樣（圖 4－505 ～圖 4－507），往回重練一遍，直至再練到鷹翻身後退步鷹捉收勢（圖 4－508、圖 4－509）。

圖4－505

圖4－506

圖4－507

圖4－508

圖4－509

十二、熊　形

20世紀60年代中期，張定一老先生講到鷹、熊二形時，提到過「尚雲祥的丹田腹打在熊形中體現得非常明顯，其丹田氣打可將人擊出丈外，這個動作就是熊形的打法」。因為張定一在20世紀20年代中期北京師範大學畢業後，被東北軍閥張作霖相中，帶到老奉天的講武堂當教官。臨來前尚雲祥幾乎將自己的絕技功夫都傳於張定一，讓張定一在東北瀋陽為其光大門戶，為形意拳爭光。

張老先生講道，當初他學拳鷹、熊都是自練一套，而不是合練。因老先生在瀋陽所傳是太極拳，更主要留下的摔跤之術、沾上倒的摔法，教出了夏英久，東關的趙允義、馬車劉、劉玉春（辛健候的形意弟子）、北市的蘭樹聲、蘭樹銘（形成了北市場摔跤的蘭門，自成一派）。

但張定一老先生一直也在練形意拳並告知後人一定要繼承發展、發揚光大。熊形的練法老先生有些遺忘了。我根據電視裡的動物世界節目，將其熊在自然界生存的本能，結合老先生及師父所教，綜合在一起，整理出熊形，以補足形意拳十二形。

學練形意拳的人都是先站樁，再練五行拳，差不多了，師父再教幾套十二形拳及短長器械，一般都是十二形學其四五形，最多的應是八形或是十形，幾乎沒有學全十二形拳的。最後兩行是鷹形、熊形。因為很多人都沒學到之後就將兩形合一一起練……也是極簡單的一二個動作，根本不能說是套路拳。

熊是動物中極其兇猛、霸道的大型雜食動物，它一掌能拍死牛，老虎對它也懼怕三分，它在打鬥中幾乎沒有對手。熊形講究用內功的丹田氣打，及人身無處不打人的功夫。

1. 預備式

身體直力，兩腳成 90 度。雙手由兩胯處手心向上提至胸部，手的掌刀由下至上給自己的內五臟做一次按摩。雙手再翻轉，大拇指指根部又由上往下給自己做了一次按摩，到下丹田的兩邊急抖變拳，配合呼吸。給自己做兩次按摩，非常利於養生健康（圖 4－510）。

2. 原地鑽拳

右拳由下旋轉抖起至心口處，並向前向上奔 45 度的走向直伸到眉毛的高度，突然抖成橫拳（像小孩抖撥浪鼓一樣的抖勁，拳心向上為橫拳，是化勁），也可直鑽出去（養生練法）（圖 4－511）。

圖4－510

圖4－511

3. 上左步鷹捉

右拳不動，左拳由下往上經右胳膊、肘窩斜直奔右拳上，兩拳相疊時同時下翻變掌，右手急速旋轉拉回到右胯旁（有捋帶、勾掛、撩挑三種勁），左手向前翻轉劈出（有擰裹、前進、驚炸三種勁）（圖4－512）。

4. 熊擺筐

拗步左勾拳，螺旋勁從下往上擊打對方胸口直到下頜（圖4－513）。

5. 進步肘打

邁左步，用右手推左拳，增強左肘之力，用肘尖擊打對方胸、肋、心口薄弱部位（比泰國拳的肘打更具殺傷力）（圖4－514）。

圖4－512

圖4－513

圖4－514

6. 熊摳筐（拗步右勾拳）

上左步，右拳由下往上擊打對方胸部直至下頜（出拳的方法、路線很像拳擊的勾拳）（圖4－515）。

7. 進步肘打

上右步，用左手推右拳，增強右肘力量，肘尖主要打擊對方軟肋或心口部位。肘尖的殺傷力能打折對方肋骨，也可將對方打休克，以致使對方失去戰鬥力（圖4－516）。

圖4－515

8. 左進步雙手劈砸

用雙手像掄鎬頭（或大錘）一樣，劈砸對方前手臂，或直接劈砸對方頭及身體（圖4－517）。

圖4－516

圖4－517

9. 右進步雙手劈砸

同上（只是換成另一邊）。因為你用的是雙手的劈砸之力，對方幾乎無法接架得住（圖4－518）。

10. 進左步上右步雙撞掌

快速上兩步。用雙掌捋帶、撥化後再擊打對方胸部，有如熊的推撞力量。動作像老虎撲食，但又和虎撲不完全一樣，它在撲到對方身上後，雙掌的掌根又多出個抖擻勁，將對方擊傷或打倒（圖4－519）。

圖4－518

11. 撤步捋手熊坐

用雙手捋抓對方，有砸打之意，及用胯、臀部後退擊撞對方（圖4－520）。

圖4－519

圖4－520

12. 上左步雙撞掌

練出熊的力量，用雙臂雙掌擊打對方，使對方受傷或摔倒（圖4－521）。

13. 左切打反抽掌

用左手切撥對方前手，反回手擊打對方頭臉（圖4－522）。

14. 右切打反抽掌

用右手切撥對方前手，再回手擊打對方頭臉（要練出一擊必傷的勁力）（圖4－523）。

15. 提右膝上步踩踏

提右膝，頂擊對方胯或腹部，因為膝的殺傷力非常大。如對方後撤，即跟上用腳踩、跺對方前腿迎面骨或腳面，能將對方腳面骨跺碎，也能將對方迎面骨踩脫皮（圖4－524）。

圖4－521

圖4－522

16. 提左膝上步踩踏

同上，只是換了另一邊（圖 4－525、圖 4－526）。

圖4－523

圖4－524

圖4－525

圖4－526

17. 上右步靠打

上步。雙手撥化開對方前手臂或雙臂，用肩或胸部、腹部或丹田擊打對方前胸或腹部，將對方撞出擊傷，這是形意拳的丹田腹打、胸腹打，也體現出了形意拳無處不打人的功夫（圖 4－527）。

圖4－527

18. 上左步靠打

同上，丹田氣打、胸腹打……（圖 4－528）。

19. 上右步靠打

同上，丹田氣打、胸腹打……（圖 4－529）。

圖4－528

圖4－529

20. 上步撲抓，換影

上步抓對方前胸或前胳膊。轉身撤步，用臀部靠緊對方身子，向下一彎身子即可摔倒對方（像熊背口袋一樣，摔人的動作叫劈掙或大背）（圖 4－530～圖 4－532）。

繼續回練。

圖4－530

圖4－531

圖4－532

第五章 形意拳器械

一、連環刀

1. 上步亮刀開式（圖 5－1、圖 5－2）

2. 劈掌亮刀（圖 5－3）

圖5－1

圖5－2

圖5－3

3. 撤步纏頭捋刀（金雞獨立）（圖 5－4）

4. 紮刀、掛刀（圖 5－5、圖 5－6）

5. 墊步崩刀（圖 5－7）

圖5－4

圖5－5

圖5－6

圖5－7

6. 撤步橫刀（纏頭下壓）（圖5－8）

7. 上步雲抹（圖5－9）

8. 側身壓腿（圖5－10）

9. 轉身上步撩陰刀、劈刀（圖5－11）

圖5－8

圖5－9

圖5－10

圖5－11

10. 上步炮刀（圖 5 － 12）

11. 左掛刀、右掛刀（圖 5 － 13、圖 5 － 14）

12. 撤步捋刀（金雞獨立）（圖 5 － 15）

圖5－12

圖5－13

圖5－14

圖5－15

13. 上竄步鑽刀（圖 5－16）

14. 踢腿抱刀（圖 5－17）

15. 掛刀崩刀（圖 5－18、圖 5－19）

圖5－16

圖5－17

圖5－18

圖5－19

16. 白鶴亮翅（圖 5－20）
17. 蓋步釣魚（圖 5－21）
18. 轉身大雲抹（圖 5－22）
19. 扣步靠臂大甩刀（片腿）（圖 5－23、圖 5－24）

圖5－20

圖5－21

圖5－22

圖5－23

20. 撤步回跳掛刀（圖 5－25）

21. 崩刀（圖 5－26）

22. 上步拉刀（圖 5－27）

圖5－24

圖5－25

圖5－26

圖5－27

23. 轉身劈刀、掛刀（圖 5－28、圖 5－29）繼續回練練到原地後收式（圖 5－30、圖 5－31）。

圖5－28　圖5－29

圖5－30　圖5－31

二、搖轉刀

1. 開式、上步劈刀
2. 轉身劈刀
3. 退步截刀
4. 疾步劈刀
5. 左轉橫刀
6. 右轉橫刀
7. 轉身退步劈刀
8. 搖轉退步劈刀
9. 轉環撩刀
10. 反搖轉橫刀
11. 左鑽刀接右鑽刀
12. 進步劈刀
13. 反撩陰刀
14. 反身劈刀
15. 墊步崩刀
16. 臥步崩刀
17. 搖轉劈刀
18. 左炮刀接右炮刀
19. 轉身劈刀
20. 退步劈刀
21. 雲抹三刀、收式

三、連環劍

1. 滑步亮劍開式（圖 5－32、圖 5－33）

2. 撤步交劍（圖 5－34、圖 5－35）

圖5－32

圖5－33

圖5－34

圖5－35

3. 探紮（平刺劍）（圖 5－36）

4. 退步絞劈劍（圖 5－37 ～圖 5－39）

圖5－36

圖5－37

圖5－38

圖5－39

5. 掛劍（圖 5－40）

6. 崩劍（圖 5－41）

7. 退步下壓橫劍（圖 5－42、圖 5－43）

圖5－40

圖5－41

圖5－42

圖5－43

8. 上步雲抹劍（往後仰身）（圖5－44）

9. 仆步扁腿（圖5－45）

10. 轉身（360度）上步撩陰劍劈劍（圖5－46、圖5－47）

圖5－44　圖5－45

圖5－46　圖5－47

11. 上步左撩劍、右撩劍（圖 5－48、圖 5－49）

12. 再上步橫炮劍（圖 5－50）

13. 捧劍上步鑽刺劍（圖 5－51）

圖5－48

圖5－49

圖5－50

圖5－51

14. 踢腿輪劈劍（圖 5－52～圖 5－54）

15. 掛劍、崩劍（圖 5－55、圖 5－56）

圖5－52 圖5－53

圖5－54 圖5－55 圖5－56

16. 白鶴亮翅（圖 5－57）

17. 蓋步橫劈劍（掄劈）（圖 5－58、圖 5－59）

圖5－57

圖5－58　　圖5－59

18. 轉身上步大雲抹（圖 5－60、圖 5－61）

19. 蓋步背步撩陰劍（犀牛望月式）（圖 5－62）

20. 跨虎登山、平紮劍、抖劍（圖 5－63）

圖5－60　圖5－61

圖5－62　圖5－63

21. 夜叉探海、攬劈劍（圖 5－64 ～圖 5－66）

22. 掛劍、崩劍（圖 5－67、圖 5－68）

圖5－64

圖5－65

圖5－66

圖5－67

23. 上步拉劍（圖 5－69）

24. 轉身斜劈劍（劈肩帶胯）（圖 5－70、圖 5－71）

圖5－68　圖5－69

圖5－70　圖5－71

25. 退步探紮（圖5－72、圖5－73）繼續回練

風火車輪後收式（也可直接劍收式）（圖5－74～圖5－81）

圖5－72

圖5－73

圖5－74

圖5－75

圖5－76

圖5－77

圖5－78

圖5－79

圖5－80

圖5－81

四、連環槍

槍是百兵之「王」，凡是習武者，無論哪門哪派中都有槍，有長槍、大槍、短槍、花槍…… 槍屬於長兵器，但一般來講它還是比較輕靈的，隨身攜帶比較方便，現在人們到公園練武，隨自行車綁著也不太紮眼，重量也不算太大，可練起來也能額外地長力、長功夫。

相傳，形意拳的五行拳就是由槍轉化來的（南宋愛國名將岳飛在獄中所創）。形意門所練的也有很多，如練功夫的五行槍、連環槍，都是動作比較簡單，每天必練的；還有六合大槍、武穆十三槍，即有紮實的基本功，也有極漂亮的適宜表演觀看的高難度動作。而真正的打起仗來，形意槍也非常實用。

由於篇幅關係，本書只寫基本功的練法，形意拳的其他器械及練法、用法另書再寫。

1. 劈槍（圖 5－82、圖 5－83）

圖5－82

圖5－83

2. 鳳點頭（顫槍）（圖 5－84、圖 5－85）

圖5－84

圖5－85

3. 上步貫槍（圖 5－86）

4. 圈劈（圖 5－87 ～圖 5－89）

圖5－86

圖5－87

圖5－88

圖5－89

5. 攔、拿背步紮（圖 5－90）

6. 撤步圈槍（圖 5－91）

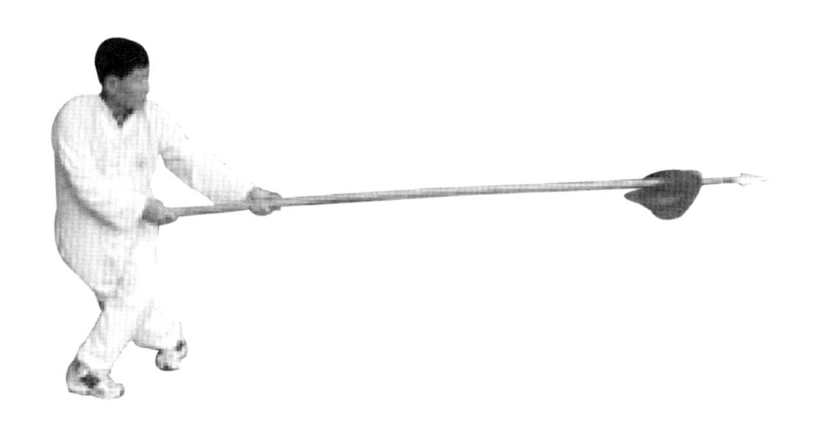

圖5－90

圖5－91

7. 劈槍（圖 5－92、圖 5－93）

圖5－92

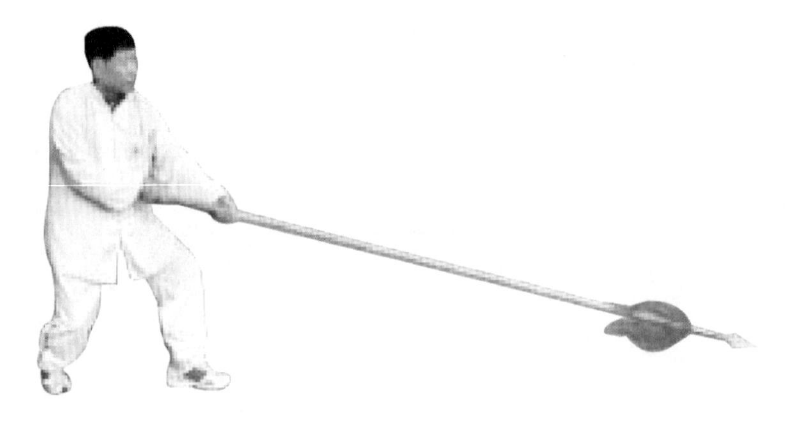

圖5－93

8. 崩槍、太公釣魚（圖 5－94）

9. 上步炮槍（圖 5－95）

圖5－94

圖5－95

10. 再上步橫槍（圖 5－96）

11. 橫槍滾化（三次）（圖 5－97 ～圖 5－99）

圖5－96

圖5－97

圖5－98

圖5－99

12. 挑搏拐子三槍（圖 5－100 ～圖 5－102）

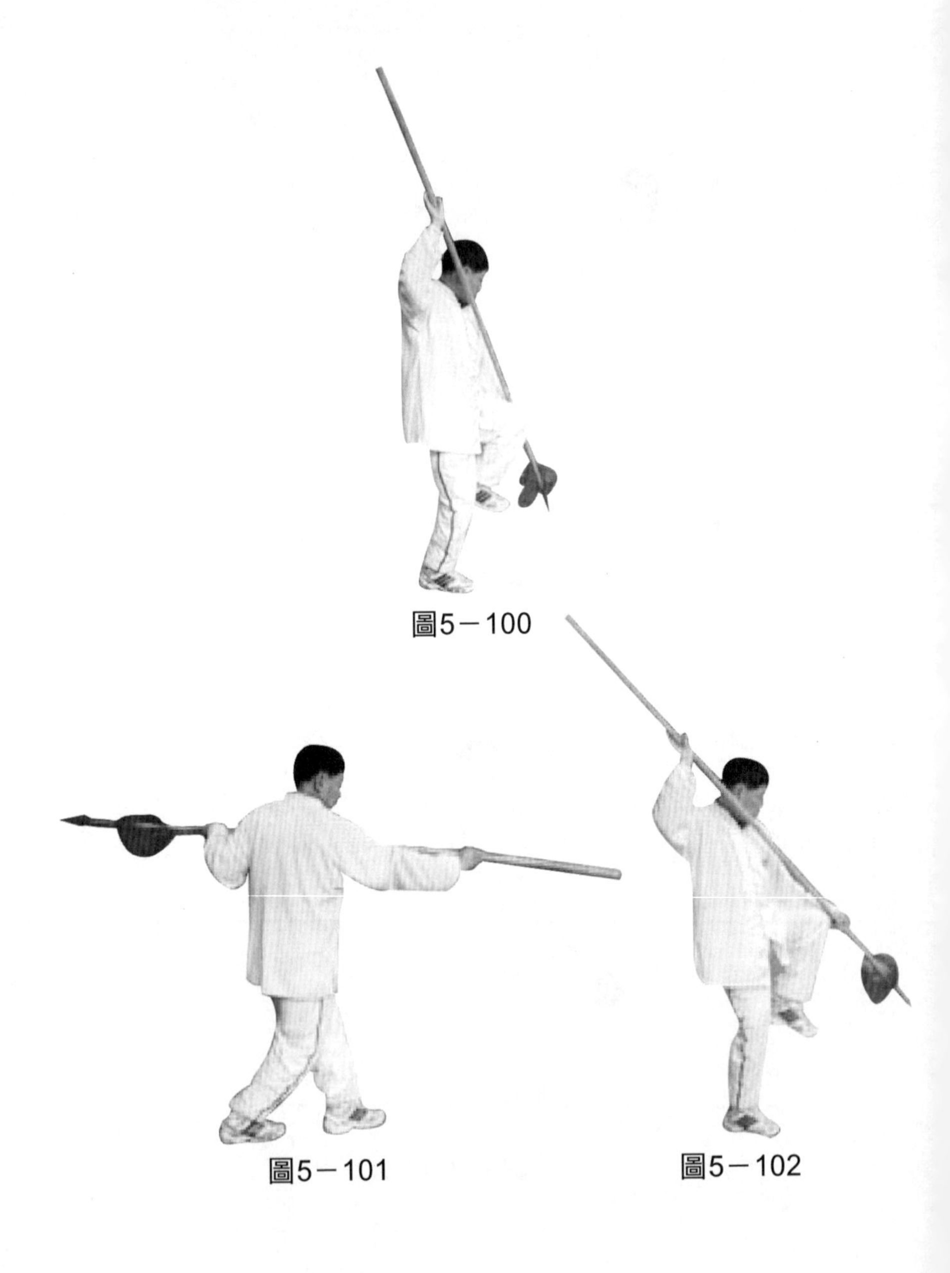

圖5－100

圖5－101

圖5－102

13. 黃龍左右三擺尾（圖 5－103 ～圖 5－105）

圖5－103

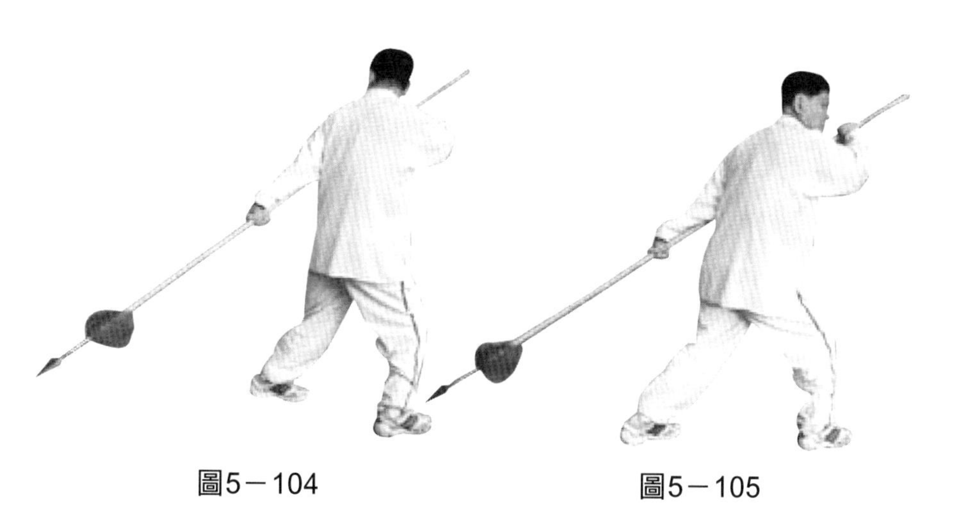

圖5－104

圖5－105

14. 橫圈紮槍翻身（圖 5－106 ～圖 5－109）

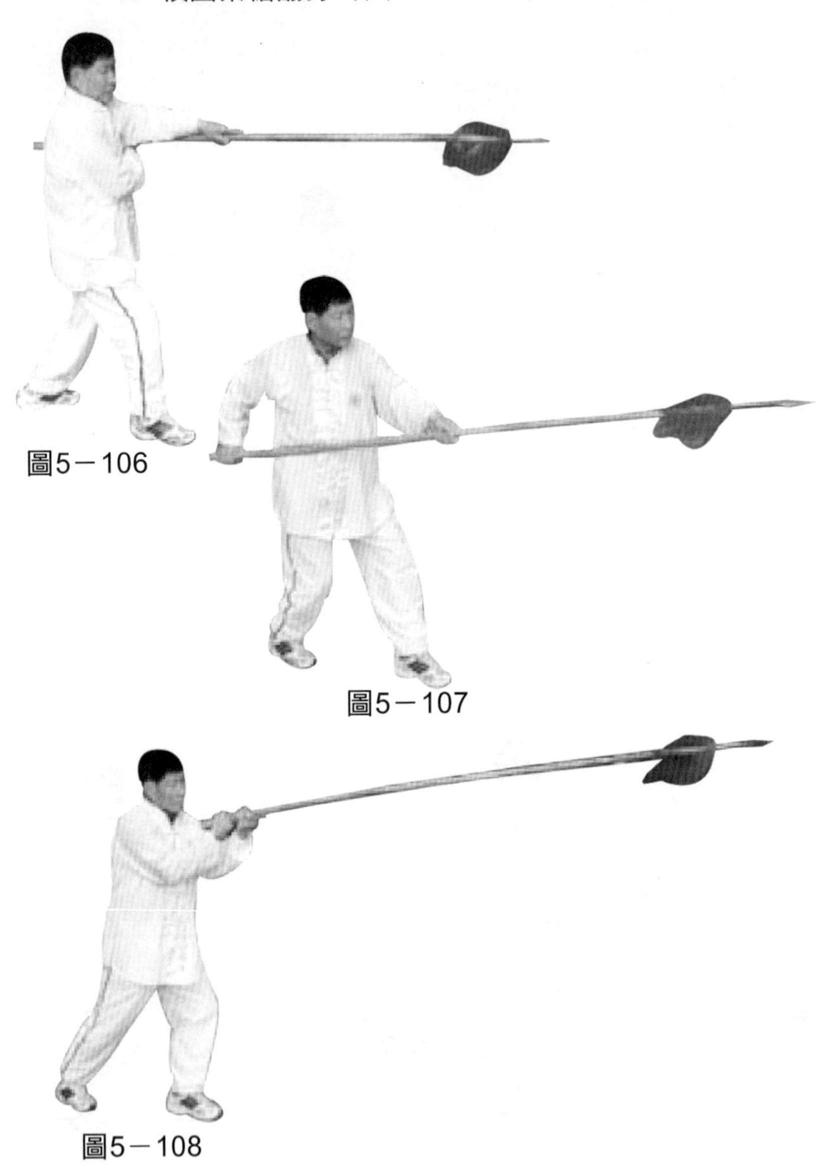

圖5－106

圖5－107

圖5－108

15. 左倒把槍、回馬三槍（圖 5－110 ～圖 5－112）

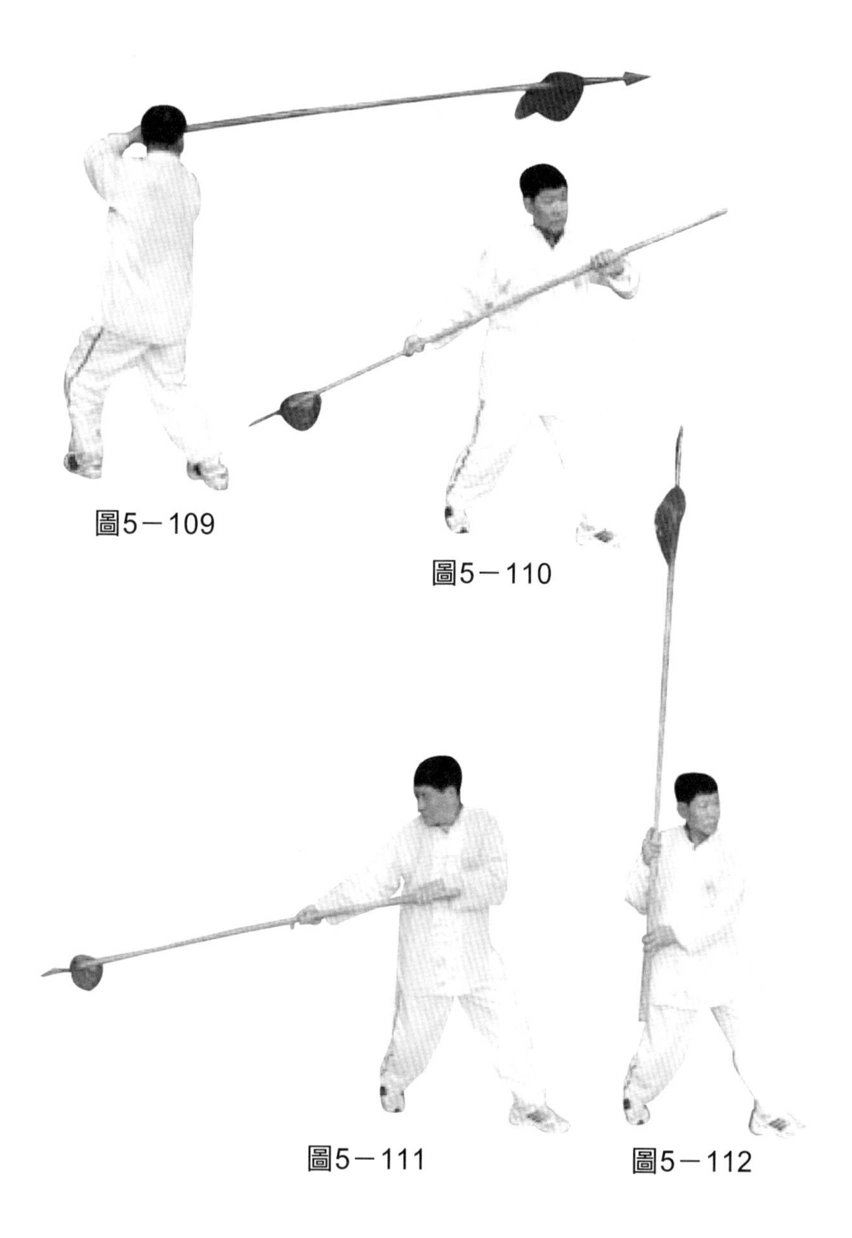

圖5－109

圖5－110

圖5－111

圖5－112

16. 右倒把槍（圖 5－113 ～圖 5－115）

圖5－113　　圖5－114

圖5－115

17. 左倒把翻身紮（圖 5－116、圖 5－117）

圖5－116

圖5－117

18. 劈槍、鳳點頭（圖 5－118 ～圖 5－120）

繼續回練。

圖5－118　圖5－119

圖5－120

19. 撤槍彈踢立槍收式（圖 5－121 ～圖 5－126）

圖5－121

圖5－122

圖5－123

圖5－124

圖5－125

圖5－126

五、武穆十三槍

「武穆」是南宋愛國名將岳飛死後被宋孝宗平反昭雪追封的諡號。岳飛在生前抗金時殺敵用的槍法，被後人稱為武穆十三槍。岳飛所練的槍法，原來是師父周侗在羅家槍和姜家槍的基礎上改編創研成並別具特點的六合槍，以後的楊家槍法是在實戰中所創並流傳下來。

晚清以後，洋槍、火炮結束了冷兵器時代，大槍的強勢就顯現不出來，並且出門帶著不方便，故習武者很少有練大槍，大部分人都以短刀、劍為主。

武穆十三槍傳到民國中期時，就只剩瀋陽辛鍵侯這一支會練了。改革開放後，有些武術家到瀋陽學過這套槍，回去後將名稱改為「翼德十三槍」、「姜維槍」等，但岳飛從歷史上記載確實是一位用槍高手。

有詩為贊：

天下第一槍，原是岳飛創；
考場先露面，槍挑小梁王。
會過羅家槍，贏過楊家將；
執槍掌帥印，岳家軍最強。
紮過金兀朮，敵寇膽俱傷；
戰場顯神勇，無人能抵擋。
槍出鬼神驚，神仙也難防；
人亡槍法在，萬代永留芳。

1. 劈槍開式
2. 進步崩槍
3. 上步劈槍
4. 白蛇吐信
5. 原地扣槍
6. 黃龍擺尾
7. 拗步降龍
8. 順步伏虎
9. 床子腿
10. 鐵拐李
11. 退步搖旗
12. 退步推鏟
13. 巧女紉針
14. 太公釣魚
15. 撲地槍
16. 摜　槍
17. 原地撲槍
18. 孤燕出群
19. 回頭中平槍
20. 獻　書
21. 打　傘
22. 搖　旗
23. 鯉魚退梭
24. 鷂子槍
25. 上步打靶

26. 還羊探海

27. 過頂槍

28. 推銼槍

29. 劈槍收式

此槍法在《形意拳器械》一書中再詳細講述。

六、白猿九棍

在遠古時期，人類就會用石塊和木棍去捕獵，木棍也逐漸成為人們用於狩獵、技擊、格鬥的武器。常年的打鬥、使用，人們逐漸把棍編排成了即適合於技擊、實戰，又益於欣賞表演的套路來，並出現了許多門派各式各樣的長、短棍術。白猿九棍相傳始於農民起義。當時有些饑民為了生活，反抗腐敗的統治者，揭竿而起，組織成各個起義軍，有的首領在招兵買馬的同時，在短時間內教新來的人員最簡單的打鬥武功——棍術。之後在明、清時期，有很多鏢局的趟子手，也常在走鏢時腰挎單刀，手拎一根棍子，長途跋涉即可當棍拄著走，遇到劫匪也可以作為兵器，即實用又方便。

棍在實戰中的用法主要是劈（砸）、挑、錘（點刺）、橫掃（掄打）、架打（撥化）。這套簡單實用的白猿九棍（也有說是白蓮九棍）相傳源於白猿通背。

1. 左上步劈打

上左步。右手握棍的下端留有半尺，左手握棍的上端，用上端劈打，將力點發到棍梢，打出抖勁直接可將對方兵器打掉，或者將對方胳膊打得不能動作（圖5－127、

圖 5－128）。

2. 右上步劈打

上右步。用右手握的下端棍由下往上行，再劈打對手的手腕或兵器（圖 5－129）。

3. 原地左劈打

再變成左手在前劈打，同時右手所握的棍轉到左腋下（圖 5－130）。

圖5－127

4. 舞花左上步劈打

擰腰，斜、橫向往前劈打。連續做三組（圖 5－131、圖 5－132）。

圖5－128　　圖5－129

5. 上右步撩（挑打）棍

右腿往前上步。右手由後往前挑打對方兵器或襠部，或由襠往上直奔面門挑打（猶如冬天撅凍土塊之勁）（圖5－133）。

圖5－130

圖5－131

圖5－132

圖5－133

6. 上左步撩（挑打）棍

左腿往前上步。左手由下往上挑打對方。連續做兩組（圖 5－134 ～圖 5－136）。

7. 後捶棍（往後捶打）

雙手同時往後使勁捶杵（圖 5－137）。

圖5－134　圖5－135

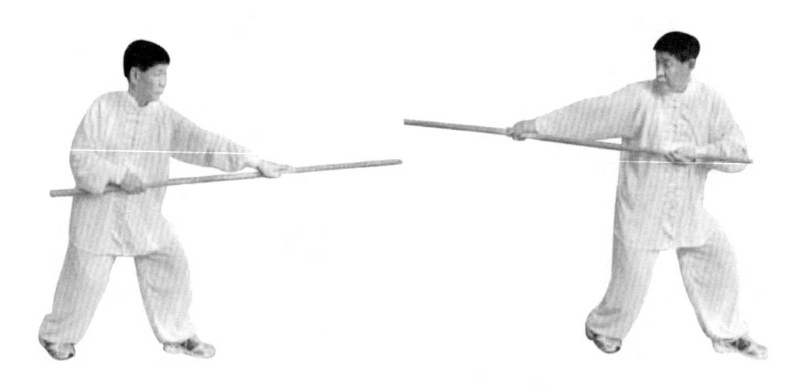

圖5－136　圖5－137

8. 前捶棍（往前竄把捶刺）

前手往後竄，同時雙手往前使勁捶，如現在軍人練習拼刺刀之意，練熟後打穴打得很準（圖 5－138）。

9. 橫掃千軍棍

雙手握棍後端掄打一大片（圖 5－139、圖 5－140）。

10. 力劈華山棍

身體下沉，借橫掃千軍之慣性下砸，然後還帶一下挑

圖5－138

圖5－139　　圖5－140

崩棍（圖 5－141、圖 5－142）。

11. 上右步炮架棍（格架對方兵器）

上右步。棍是斜往前，帶有旋轉的滾動勁，這樣才能撥化開對方的兵器，不是楞架（圖 5－143、圖 5－144）。

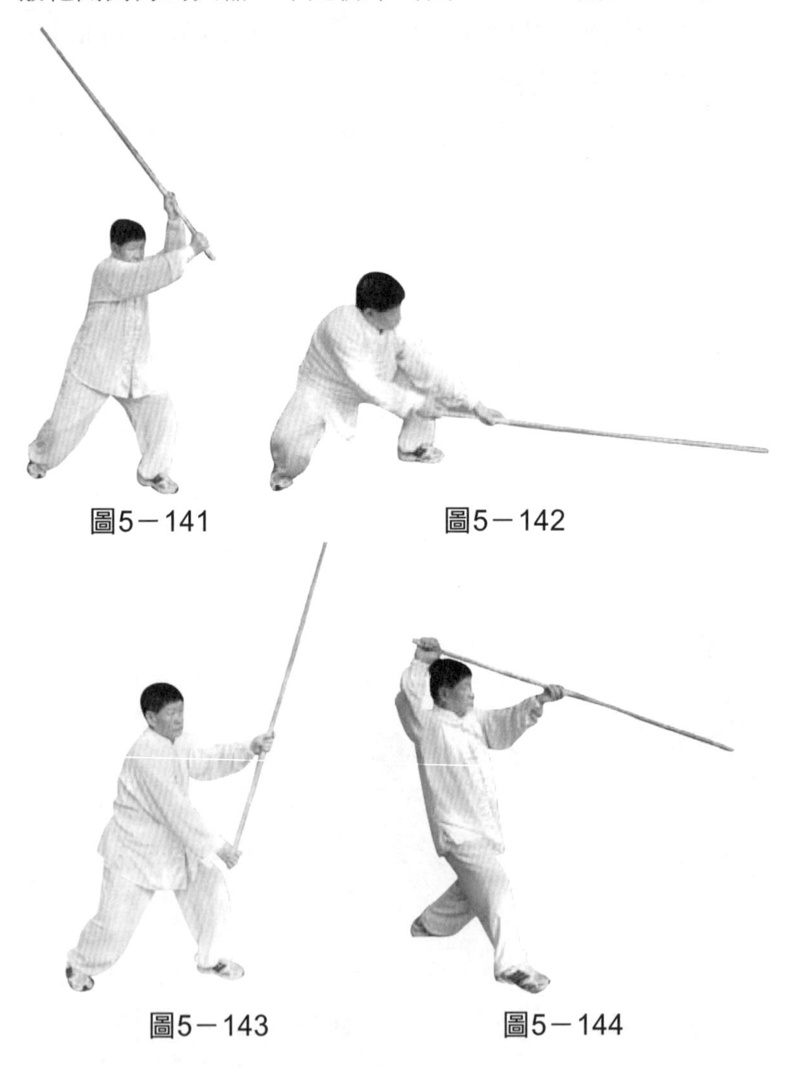

圖5－141　圖5－142

圖5－143　圖5－144

12. 上左步橫撥棍（撥化對方兵器，也是旋轉勁）（圖 5－145）

圖5－145

13. 撤步滾化壓棍（金雞獨立式）（圖 5－146）

14. 撩挑（上步）同時蹬踢

用後手握的棍頭由下由後往前挑打對方的襠部，同時也可挑飛對方兵器，同時起腳將對方踢倒抓住（圖 5－147）。

圖5－147

圖5－146

15. 轉身點打

轉過身後，棍旋轉劃個半圓，用抖擻勁點杵對方，主要打的是膻中、鳩尾、中脘穴，但也可打任何部位及對方的兵器（我們以前每天單練此動作，能將包房門的1毫米厚的鍍鋅板點破出月牙口）（圖5－148）。

圖5－148

繼續回練一遍後收式（圖5－149、圖5－150）。

圖5－149

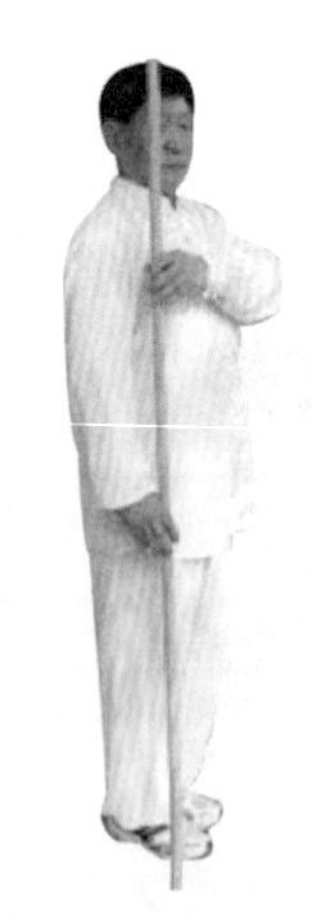

圖5－150

七、鹿角梳子鐝（點穴鐝）

清朝初年，許多武術家為了出門帶著方便，利於防身並實用，且不容易被人發現，便研究發明了「點穴鐝」（如圖）。

在「文革」動亂期間，由於武鬥成風，再加上社會上有些壞人成夥打架。為了自衛，我將點穴鐝有所改變，保留鹿角，增改成梳子鐝。它即有原來的功能，又多了護身的作用，可接對方的刀劍（帶刃的兵器），並在接架的瞬間，應用手腕的螺旋，還可將對方的刀劍卸掉。此正應了古語所說的：「手巧不如家什妙。」

1. 鑽鐝開式
2. 劈　鐝
3. 轉身右鑽橫（架、撥、化）
4. 上步左鑽橫（接架、撥化）
5. 金雞抖翎（伸懶翅、探爪、捋掛、踢腳）
6. 懶龍臥道
7. 三個崩鐝（進退崩）
8. 白鶴亮翅
9. 上步炮鐝（拗步）
10. 白鶴亮翅
11. 進步順炮
12. 原地鑽鐝三個
13. 踢腿三個劈鐝
14. 上步炮鐝

15. 墊步鑽蹶（撲步接化、轉身橫化）
16. 左右撥化、鑽蹶（三拱）
17. 上步鑽蹶
18. 左右撥化鑽蹶（三轟）
19. 上步橫化
20. 上步橫化
21. 進步轉身
22. 白鶴亮翅
23. 劈　蹶

繼續回練，打到原地後收勢。

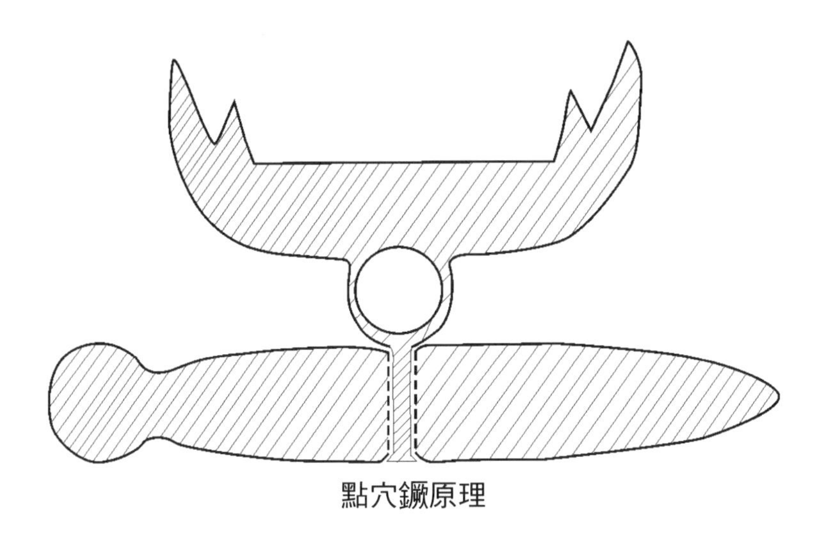

點穴鐝原理

鹿角梳子鐝

190mm ~ 192mm

5mm ~ 6mm厚鋼板

比例1：1

118mm

20 6 5 5 6

135mm ~ 140mm

15mm 110mm 33mm 30mm 15mm

12mm 35

手 柄

30mm

270mm ~ 280mm

第六章　形意拳實戰

一、習練五行拳，養生益長壽，實戰出真功

習武的人開始都是跟老師練習基本功，壓腿、抻筋、站樁築基，腰、腿有了一定的柔韌性再開始打拳。老師在教學時，都是一板一眼地讓學生或弟子跟著自己練，很少有老師告訴學生這個拳為什麼就得這麼練，在運行過程中有什麼樣的變化（怎麼變勁，怎麼換勁，在什麼情況下換位）。學生或弟子在學藝三五年之間很少有人能夠自衛，這樣就使得許多練傳統武術的人都成了鍛鍊身體或只會表演了。

習練者應該怎樣去學練？首先要把每一個動作以科學的角度去分析，使用該動作能達到什麼樣的效果，練此動作對養生、自衛能否起到有益的作用？

我練了五十多年的武術，透過常年和師父、老師、武友、弟子及學生的探討和切磋，總結出的經驗就是實戰出真功。

我練過很多拳種，接觸過東、西、南、北許多門派的武林高手。每年我要到全國各地遊走多半年時間，有的時候是教拳、講學，有的時候是接受外地武林朋友的挑戰，而去應戰、切磋、探討實戰的技藝。

為了中華武術，為了形意拳的技擊精華能夠廣為流傳（多年來我和師父總結積累出來的），為了後學者不走彎路，我已經遊走全國五個半年頭，無論是在外地，還是在家裡，我跟學生及弟子們都講：「我教你們的每一個動作，你必須要問明白怎麼用，怎樣能做到自衛或贏人？力怎麼發？勁怎麼變？在什麼時候變勁？在什麼時候換位？…… 要問清楚、學明白。」

曾經有人問道：「人都是血肉之軀，一百多斤怎麼能被打得離地飄起，甚至3米開外？」道理很簡單，一個武術技擊家在動手發力時，如果你的前手（拳或掌）到後腳跟和地面能形成45度角的話，你的支撐頂力就可以將對方頂住（就像一面要倒的牆被一根木棒支頂，這根木棒的支點與地面的角度就應是45度角）；如這位武術家能快速邁步、發力，自然就可將對方打得飄起來。

透過科學測試，最好的橄欖球運動員衝擊力可達到1800磅，足球運動員可達1500磅，一位好的武術運動員也可達800～1000磅。一位好的武術技擊家如果能充分地調動並運用好自身的體能，那麼放人丈外，也就是伸手邁步的事了……

我的老師付劍飛（付大劍客）、師父張國良、師叔楊俊秀都曾跟我說過：「打過一次仗，勝過練三年功。」他們都比較講究實戰，我曾和付大劍客切磋，實戰打過四個月左右，頭三個月我根本遞不上手，後來因實戰經驗的積累，再加變化的速度增快，我們能互有勝負。

後來我拜張國良為師後，師父也幾乎每天教完拳後都將每個動作的用法給講解明白，並和我打明白每個動作的變化……

1987 年我開始收徒後，自己也立了練功場，先後有很多武友過來切磋，他們有各門各派的、練摔跤的、散打的、拳擊的。我每贏一次，都有所總結，從而積累了很多實戰的經驗。我常常告訴弟子：「與人動手時，儘量做到心要靜，一定不可以緊張，主動進攻速度要快，因為進攻是最好的防守。」2003 年，有位曾經練過拳擊的學生，不知是出於什麼用意，印了 600 張海報《中國形意拳名家張世杰傳授沾上倒、碰上飛的功夫》，到處發放。許多武友打電話問我此事，當時我說不知道。第二天就有人拿著傳單來公園找我，我見確有此事，只能扛下來，沒辦法地說：「既然出現了這事，那我就只有兜著了。如果我輸了，以後公園裡就不會有張世杰這一號人在這練功……如果朋友們輸了，因為你們來的都不是一個人，我贏人的動作你們都看到了，就請留點學費，也省得你們背後說把張世杰贏了。」由於實戰經驗的積累，比劃了三天早晨，共勝了七撥人，還有幾撥就不再動手了。以後瀋陽就傳出張世杰是「武林第一狂人」。

其實我並不狂，平時調子比較低，只不過就是講求實戰。這次風波過後，有好朋友跟我說：「你既然有這麼大的膽量，功夫又這樣好，大可不必在瀋陽蝸著，到全國各地闖一闖，見識一下全國各地的功夫，對自己更有個提高。」半年後，我和徒弟搞了個尚派形意拳網站，我也開始了「訪明師，尋高友，武藝學成天下走」的生活，全國各地很多武術愛好者知道後，紛紛來電話要求切磋技藝，有初學者，有功夫不錯的，也有當地武林的頂尖人物，有的電話直接就是挑戰，「張老師，你敢不敢來，到了我們這，動完手，你哪裡都不用去了……」所有的邀請，我都如期赴約，透過切磋、交流，進一步提高了技藝，交了很多朋友。

2005 年 8 月中武國際、中國功夫雜誌、中國李老能形意拳研究會三家聯合主辦了「中國形意拳功夫論壇會」。大會邀請了全國四十位形意拳大家，每人都是講演論文、演練功夫和技藝切磋三個方面的展示，我以精闢獨到的論文講演和贏人的功力技法，被評為到會的 32 位專家排名第一。

2006 年 3 月，齊齊哈爾的李老師和本溪的張老師在浙江上虞辦了個形意拳培訓班，報名學員 22 名。有人請了一位高手來挑戰，此人 43 歲，身高 180 公分，體重 220 多斤，習武 20 多年，曾當過摔跤、柔道教練。李老師和上虞武協副主席鐘管長（武術館館長）說：「你得請張世杰去應戰，因為技擊歸張世杰教，表演歸我教。」為了支持我浙江省的弟子，我只有在不知情的情況下去接受挑戰。到上虞應戰，我贏得很漂亮（連勝了四下），挑戰方心悅誠服。

五年多，在全國各地我接觸過特種兵，省、市散打冠軍，拳擊冠軍，武術冠軍，透過切磋、探討，使我的技藝有很大的提高。

經由全國的遊走，我教了千餘學生，又收了數十名入室弟子，使得徒弟達百人之多。全國除了港、澳、台、新疆、西藏幾個地區外，其他省都我的有學生和弟子。我現在是萬里獨行傳功夫，我想將我多半生總結、積累的經驗、傳統武術的精華傳下去，為中華武術作點貢獻。

二、鷹捉實用三十二手

形意拳自神拳李老能創拳至今已有二百年的歷史，幾代人都是英雄輩出。之所以能一直享譽武林，一者形意與八卦已冶為一爐，練形意的都懂八卦；二者形意與太極也異曲同工，三拳種同為內家，功夫又相輔相成，而其中又多有摔跤、擒拿之技。在 20 世紀 60 年代初，我的師爺張定一就講：「我教給你們的功夫，你們必須傳下去，如果誰要是將其帶走不傳，就是欺師滅祖。」我受過武派太極大師霍夢魁的指教，張定一（我舅舅的師父）、李文彬前輩的親自調教，受過孫劍雲老先生的指點，跟我師父張國良、舅舅夏英久數十年學藝探討，跟快手付劍飛（付大劍客）常年學習、苦練、切磋求證，使我技藝突進，掌握了形意拳「沾上倒，碰上飛」的打法（其中也融進了許多門派好的有益的東西）。

在實戰中怎樣能贏人，怎樣能以小贏大？苦練功力是一方面，重要的是要懂得人體幾何學、人體力學的關係，及理解人體機械運動的原理。

實戰中無論怎樣運動，從頭到兩隻腳都應接近於三角形，最好是等腰三角形，勢子（身體）再稍往下沉就形成了千斤墜之勢，這樣跟基就穩。前腳抓住地，前膝頂住，後腿用力一挺，這時整個身體的力量就反到了前手，此狀態下前手至後腳就成45度至50度角，一擰腰順胯，在蹬地的瞬間就產生了作用力與反作用力，也就是人體發力的最佳狀態。

實戰中，兩條手臂如練得像火車輪子的連杆一樣的快速，就會達到無懈可擊；身法反應再快，步子再急，腳上再有如鐵犁犁地的功力，就不會挨打，以至贏人。

許多武術家都講：人身十四打：手、肘、肩、腳、膝、胯、頭、臀…… 然而尚派形意拳講的是「人身無處不打人」。尚雲祥的三大絕技之一就有丹田腹打（包括胸打）和刀骨的打法。

尚雲祥早中期的數十名入室弟子幾乎都是技擊的高手，如勒雲亭、趙克禮、許笑羽、張定一、辛健侯、張冬生等，在全國都極有威望。趙克禮、辛健侯講「不招不架，就是一下」，伸手我就打壞你；張定一教的沾上倒的打法和摔法（他教出了夏英久、趙允義、蘭樹聲、蘭樹銘，為東北摔跤界作出了巨大貢獻），贏了人不一定要傷。當然，尚雲祥也有一些不好打的弟子徒孫。現在武者應講武德，功力要大，技藝也要高，要有超人技藝。

我現在講授的是練形意拳的鷹捉（母拳）在實戰中怎樣能做到「沾上倒、碰上飛」或者贏人的效果。

1. 鷹捉、離巢

對方右直拳打來，你只需一抬手，用手旋轉手指帶住對方拳頭或手腕，可上步，擰腰，也可退步，還可不動步地擰腰，用自己的胳膊、膀靠住對方直拳的肘關節，一抖動可將對方扔出丈外，也可將對方胳膊肘抖傷。

2. 進步鷹捉

用手迎擊對方來拳，螺旋地支頂起對方胳膊的同時進步，用另一手打對方漏出的側面軟肋或正面前胸，可將對方放出丈外，也可用炸勁將對方打傷，也可用手直接螺旋抖擻勁將對方抖出去。

3. 退步鷹捉

對方力大體重，如伸手接不住對方的來拳，在被動的情況下，迅速塌腰往後撤步，接對方來拳的前手旋轉變勁地買住對方手腕（虎口的含勁，不要鎖死）往回帶對方後手，急速擊打對方前胸（這時對方之意都是想打你，而自己身體固不住氣），可將對方打傷，甚至驚叫。

4. 鷹捉變勁切脖打

對方拳打來，你同時起兩手相接，前手碰到對方胳膊的瞬間，後手急買對方肘窩往下沉勁；對方胳膊被買下後，你迅速用前手掌切打對方脖頸，對方會因頸動脈血流不暢、腦供血不足而休克倒地（這是一招制敵的打法）。但要注意，不要使力過大，以免將對方打死。

5. 鷹捉鎖喉掌

對方右拳打來，你用左手旋勁買下，並用右掌虎口處鎖打對方咽喉；如對方用左拳打來，你用右手螺旋勁買下，並用左掌虎口領打對方咽喉，也可在用虎口鎖打對方咽喉的同時，順勢指上給力地往回一帶，將對方咽喉抓破或瞬間窒息（這也是一招制敵的手法，但只能用於極壞的人）。

6. 拗步鷹捉

對方右拳打來，你用右手旋勁接化，用左手買下管住對方肘窩，同時右手翻轉擊打對方前胸（但同時必須上步管住對方前腿），可將對方摔倒。兩邊都可做。

7. 拗步鷹捉管切

對方右拳打來，你用左手旋勁買下，上左步管住對方右腳，用右手掌刀或小臂刀骨切打對方鎖骨，擰腰往左方向轉，使對方失去重心摔倒。兩邊都可做。

8. 鷹捉貼身沉肘打

接對方前手，上步買下對方前手或分鬃式，同時用肘使勁往下一沉，對方胸部受不了肘力，就會被摔倒地。

9. 鷹捉墊步掛打

對方右拳打來，你用右手接化買住（捋勁），同時上步，用自己的腳跟或小腿肚掛、磕對方前腳，另一隻手擊打對方前胸或軟肋，使對方失去重心而摔倒。

10. 進步鷹捉抹腰甃

對方右直拳打來，你左手如蛇入洞一樣纏化進去摸對方後腰（進步），並用你的頭或肩靠對方前胸，抖腰、擺頭將其摔倒，也可再加上後手按打對方前胸，效果更佳。兩邊都要練。

11. 搖轉鷹捉

伸手接化對方來拳，邁步向對方側面，另外一隻腳再順勢滑步到側面，雙手連續撥化擊打對方側面的臉頰或軟肋部（自己的正面不受對方力的威脅）。

12. 鷹捉摟膝打掌

（1）接對方來拳以螺旋勁貫下，順勢上步摟勾對方前腿膝窩，另一隻手擊打對方（摟勾對方的手可從大腿直勾掛到對方腳脖子部，這也是劈拳出手如刀挫，回手如勾竿）。

（2）接對方來拳，滑步側身貫對方的腿，用另一隻手擊打對方肩窩（側摟膝打掌）。

（3）接對方來拳，迅速滑步後撤抱住對方膝、腿，用滾勁將對方摔倒。

13. 鷹捉擒拿、擒摔

對方右拳打來，你用右手接，另一隻手摸對方肘部，兩手同時螺旋變勁使對方被制，隨後用膝蓋壓對方膝窩，或用腳踩對方膝窩。這也是一招制敵法。

14. 鷹捉貫腕、劈打

對方右拳打來，你用右手貫住對方手腕（含上即可），用另一隻手托對方肘往上一使勁，可傷對方關節；同時也可往前滑勁擊打對方胸部；貫對方手腕的手也可順勢往前使勁，將對方扔出。兩邊都應練。

15. 鷹捉挑襠穿杠摔

對方右拳打來，你用右手變勁拿住（扣勁），身體下潛，另一隻手挑對方襠部，直腰起身後，肩扛對方胳膊，將對手向後扔出。右、左兩邊都應練熟。

16. 鷹捉掛腿打、摔

對方邊腿踢來（右腳踢，左手撩掛；左腳踢，右手撩掛），你一隻手旋轉往上一撩，擔住對方腿，並化住對方一半的力量，另一隻手一下可將對方擊出或摔倒（這隻手最好是切脖，使對方斜倒）。

17. 鷹捉變勁橫打

螺旋變勁，直接買對方前手，迅速上步管住對方前腿，並往對方腋下或前胸用斜勁橫打，並可用肘頂對方前胸，使其失去重心而摔倒（近似野馬分鬃）。

18. 鷹捉切、別摔

對方右拳打來，你用左手螺旋勁買下，上右腳管住對方右前腳，並用右手刀骨（胳膊勁）切對方左肩鎖骨將其摔倒；也可用腳往回使勁別對方腿，使其丟失重心而摔倒。這個動作在實戰中非常好用，也極易練習。

19. 鷹捉肘打

(1)對方右拳打來，你用右手化開捋住對方來拳，上步，用左肘順勢順對方肘下直頂對方軟肋。兩邊同時練習。

(2)你也可直接鷹捉（劈拳）劈打對方，如對方接架你手腕，你在掌拳受阻不能前進的情況下用刀骨、肘的變勁，換勁直用肘擊打對方，一般都是直接擊打到對方心窩部位，是很霸道的打法。

20. 鷹捉化勁反擒拿

你伸手打對方，被其閃身擒拿住手腕及肘時，你迅速塌肩下勢，變勁如蛇入洞一樣，胳膊往對方腋下、後腰處鑽，手摸到對方後腰往回使勁，另一隻手推打對方前胸至咽喉處，可將對方摔倒擊出。

21. 鷹捉掀摔

對方右拳打來，你用右手接住同時轉化下沉，將其手腕交於左手，借其力（掙扎）同時上揚，右手急速順勢摸對方右肩後側並往下使勁；也可直接拽對方肩頭往下用勁，對方就會被摔倒；也可加用左腳踩壓對方右膝窩，對方必倒。

22. 鷹捉變抱胳膊崴

對方左拳打來，你用右手旋轉勁化開買下，順勢用右胳膊抱住對方肩，也可加上左手合抱，擰腰轉身往下使勁，對方就會被摔倒，或凌空翻倒在地。兩邊都要會用才行。

23. 鷹捉爬拿摔

對方出拳打來，你一手格擋撥化，一掌前劈，同時出腳把對方前腳掛住爬起（撮爬勁），同時格擋的手向下勾摟，拿住對方前腳，使其失去重心摔倒。

24. 鷹捉貼身靠

撥買下對方來拳迅，速進身擠靠對方前膝窩，並用頭和肩撞靠對方前胸或肩窩，使其失去重心；也可加上另外的手按對方前胸或咽喉，使其摔倒。

25. 雙手鷹捉

用雙手買下對方來拳(雙手要有合夾勁)，迅速進步，用雙掌打擊對方胸部，將對方擊出丈外。

26. 雙手鷹捉裡外掛打

撥開對方來拳，雙臂撐開對方兩臂，雙掌合力擊打對方前胸，同時上步掛對方前腳（裡外都可掛對方的腳），將對方放出摔倒。

27. 鷹捉雙手亮翅打

用雙手螺旋勁撥化開對方來拳，進步，雙手同時下沉擊打對方前胸，也可用前腳踢、碰對方前腳踝，將其擊出丈外。

28. 雙手托打、抱腿摔

兩人進身或抱在一起時，用雙手裡裹向上托打對方下頜，也可雙掌刀砍對方頸動脈；如對方受力向後仰，我可迅速下潛，用雙手抱對方雙腿或一條前腿，將對方摔倒；也可再用頭頂撞對方前胸，將其摔倒。

29. 鷹捉雲手挑打

右手陽穿掌，翻掌用虎口捋化對方，如果捋不動對方胳膊，左手斜豎掌往前分挑開（撥化勁）對方前胳膊，右手正好打在對方胸口處，也可雙掌合打對方，可將對方打出丈外。

30. 鷹捉採、撅擰打

如同太極推手，當我趕到推手的位置時，可用左手虎口順對方胳膊瞬間，滑到對方肘窩處往下沉勁（太極叫採勁），右手在對方另一隻胳膊處(胳膊上半部）往上撅(斜擰勁），可將對方摔倒。

31. 鷹捉上劈、下崩打

同時出雙手，撥化開對方後，上邊用鷹捉直劈對方前胸，下邊用崩拳直勁旋轉打對方小腹或胯部。

32. 鷹捉推、拉摔法

遇到太極或別派高手，對方已看住我兩手時，我雙手也應該是推勁，用虎口儘量由胳膊滑到對方兩肋，用手推往對方大包穴或章門穴上使勁，使對方瞬間胳膊酥麻無力，另一隻手往回拉勁（帶勁），可將對方摔倒。兩邊一樣的用法。

三、九宮圖上練習五行相生拳

古代武術家練到上乘，即練習身法的最高境界是九宮步法。關於「九宮圖」練法，出處很多，什麼「九宮河洛」，什麼「鬼谷子密傳」，無論怎麼傳說，它的目的是為練好身法、步法的變化，及應用到實戰中去贏人。我們本著教為了用的目的，不要把功法神化了。

九宮步法的主要特點，表現在各個角的轉身換步，腿法、腳法、手法的變化應用。腿法有擠、靠、掛、崩、別……腳法有趟、踢、踝、踩、跺……手法有捋、拿、擒、撥、化、劈、打……既有直來直去 ，所以它又不同於八卦掌只轉圈的練法。形意拳的五行拳根據其五行相生、相剋的制化基礎把它放到九宮圖上來練，根據場地大小、寬窄的條件，可劃成正方形或長方形來習練九宮（它不受場地、形狀、尺寸限制，九個點，橫排三個點、豎排三個點、斜著三個點的數相加都是15，在古代中國這個數發音為么五，其諧音即為「要武」之意）。

尚派形意拳在五行拳之前又多了一個鷹捉，為五行拳之「母拳」，在九宮圖上可以按五行相生之順序來練拳，即金生水、水生木、木生火、火生土、土再生金……尚派形意拳之五行拳每一個姿勢都應有螺旋、擰裹勁（螺旋勁）。有的老先生講道：「鑽拳沒有螺旋，只是似閃電的抖包裹勁。」而我經由多年的動手實踐，總結出鑽拳如果練到「得心應手」的贏人地步時，就會達到電閃雷鳴帶下雨的效果。鑽拳螺旋下滑，撥化開對方手臂，直接抖擻勁擊對方臉面，對方鼻子一酸，即淌眼淚或出鼻血。在九宮上每個動作都要練到隨心所欲的境界。

四、五行杆

我們在練百日功時，師父教授內功心法、抖大杆子、打顫板來練功夫，還教走五行杆、走九宮圖練習身法。五行杆即是在地立五根細竹竿，平均距離，像轉八卦掌的單換掌一樣，由1、2、3、4、5（中間是5）轉拳。過去練形意拳的都懂點八卦或是也練八卦，就是這個道理，如果有五棵小樹，距離差不多遠就更好了。

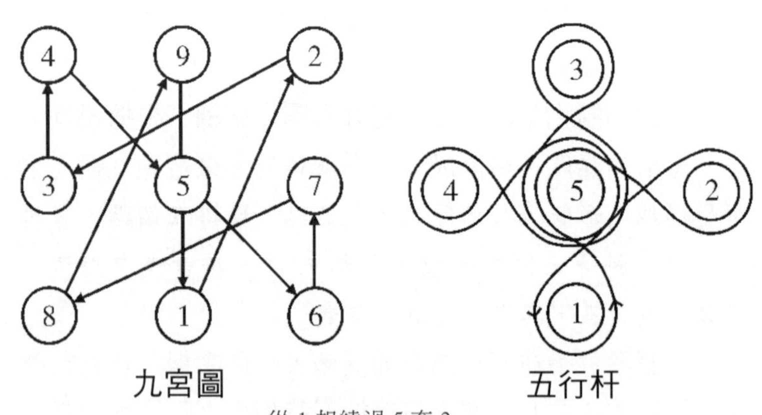

九宮圖　　　　五行杆

從1起繞過5奔2
繞過2再繞經5奔3
經過3再繞經5奔4
繞過4再繞經5奔1

五、形意拳經常擊打的穴位

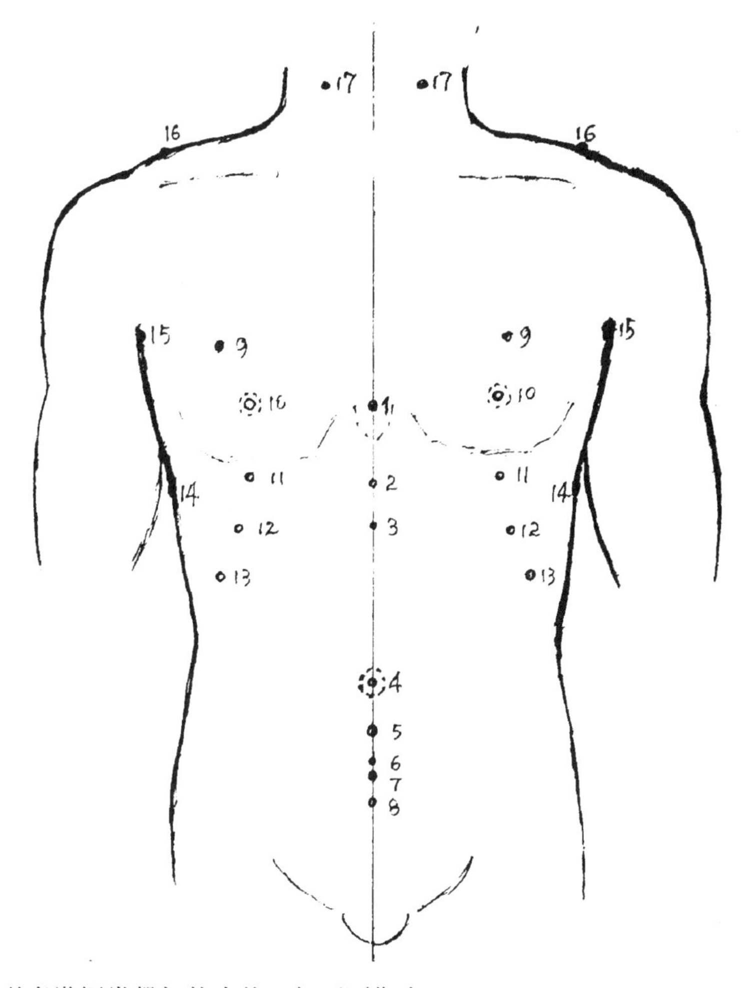

形意拳經常擊打的穴位，但不要傷人。
1. 膻中　2. 鳩尾　3. 巨闕　4. 神闕　5. 氣海　6. 關元　7. 中級
8. 曲骨　9. 膺窗　10. 乳（根）中　11. 乳根　12. 期門　13. 章門
14. 大包　15. 極泉　16. 肩井　17. 人迎　天樞穴養脾胃

六、顫板的製作

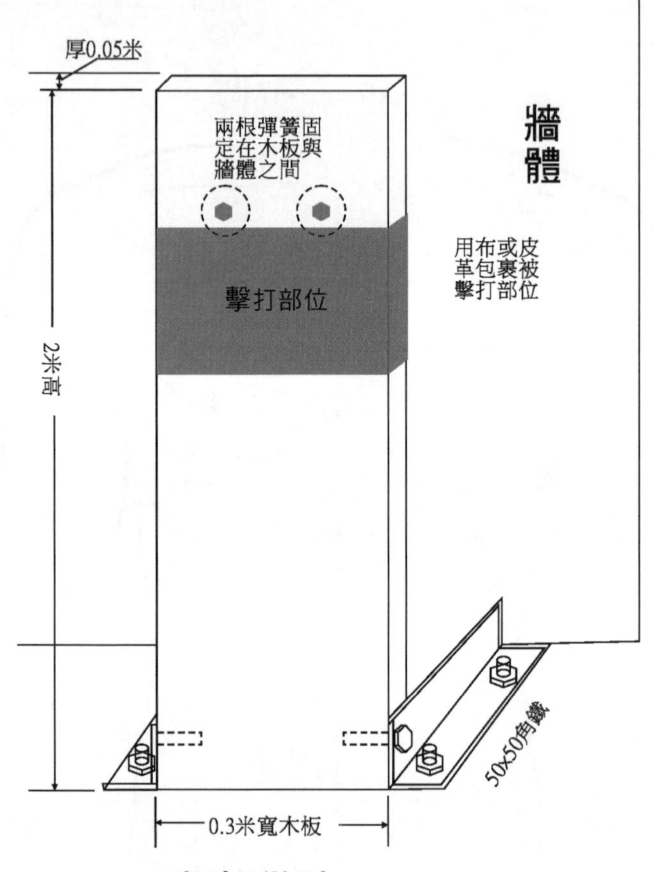

顫板做法

人民共和國前：張定一、張冬生、郎寶印三位老先生在教恩師張國良、楊俊秀等人百日功時、在傳受形意拳內功心法的同時，也教授了許多功夫，其中就有打顫板增加功力的練法。

另外還有單打綠豆口袋，五斤至八斤綠豆裝入像小枕頭一樣的口袋中（兩層布），帶在身邊隨時可打，也可當枕頭一樣睡枕（午休小睡），還可扔拋接練力量。

舉手投足間的儒風雅韻

——傳統武術的文化屬性

在人類文明的進程中，東方文化以其特有的魅力，構建了蔥郁的智慧之樹，孕育出令世人矚目的碩果，而華夏民族更是依賴著這片古老而廣袤的沃土，以其獨到的視角與思維創造了輝煌燦爛的文化。隨著古印度、埃及、巴比倫文化的相繼沒落與遺失，中國文化也成為迄今為止世界上唯一綿延數千年，從未間斷過的文化體系，她即是每個炎黃子孫的驕傲，又是世界文化的瑰寶！

根植於中華土壤中，極具原創性的中華武術，自誕生的那一刻起，就備受傳統文化的呵護與滋養。當我們的目光穿越武術殺伐與爭鬥的表像時，我們看到的是一個龐雜而細膩的理論框架和滄桑而進取的歷史進程。

應該說，伴隨著人類社會的產生便已經出現了武術的萌芽，而正因為武術的興起，才掀開了人類文明史的序幕。部落間不斷升級的集團化戰爭，促使著國家的最終確立。而政權的形成恰恰為武術提供了展示與發揚的空間。

在我國《禮記》、《國語》、《吳越春秋》等大量文獻中，記載了在夏商和春秋時期就已存在著「執技論力」的相搏之技，而齊國則率先開創了「以武取士」的先河。武術在當時除了軍事用途外，還兼具著嬉戲與觀賞愉悅之趣。

在秦漢時期，武術已近普及，且比賽日趨制度化。1975 年於湖北江陵縣出土的秦墓中，在一木篦的背面，即印有彩繪的「手搏」比賽的場面。

唐宋兩代，武術進入快速發展時期，民間的武術組織蓬勃興起。當時的武術比賽雖還未按體重分級，沒有護具等安全保證，但制度化已經形成，擁有廣泛的群眾基礎。據《資治通鑒》記載，武則天臨朝執政後，正式確立武舉制度，為武人躋身仕途開闢了終南捷徑。然而，元代是由世祖忽必烈統蒙古軍入主中原而實行的異族統治，民族矛盾異常尖銳。元政府曾多次收繳民間武器，明令嚴禁習武。但是，幾千年薪火相繼的傳承又豈能受阻於一紙禁令？武術由澎湃的江河轉為隱蔽的暗流。

隨著元朝的覆亡，習武開禁，武術得到迅猛發展，至明末清初已達到空前的高峰，名家輩出，技藝紛呈。武術在發展過程中逐漸實現了自身的完善，內外家的分別，諸多門派的界定至此已見雛形。值得關注的是，其理論的整理與提升達到了新的高度。戚繼光的《紀效新書》、王宗岳的《太極拳論》，吳殳的《手臂錄》等大量典籍相繼問世。

清末民初，由於政治的腐敗與異邦的入侵，飽經滄桑的中華民族蒙受了空前的屈辱與劫難。面對苦難的民眾，破碎的山河，武術人曾彷徨，曾迷惑，曾痛心疾首，曾振臂高呼。朱國福、韓慕俠、王子萍等武術家先後挫敗前來挑釁的外國大力士，揚我國威。而同期，霍元甲赴上海，張占魁在天津，尚雲祥於北京分別設館授徒。眾多武界天驕憧憬著以武興邦，重振民族精神。

一部武術史濃縮了一個國家由遠古至近代的推進歷程。縱觀武術的發展，可以窺見中華民族幾千年文明的腳步，而關注近代的武術史，我們看到的是無數志士仁人在屈辱與困頓中的覺醒與抗爭！

武術在漫長的發展演變歷程中，不可避免地受到中華地域文化的薰陶與滲透，使武術成為傳統文化特定的肢體語言，進而形成極具中國特色的武術文化。

中國文化體系中歷來將「佛、道、醫、儒、武」一併視為悟道修身的進階法門，足見武術在傳統文化中佔據著舉足輕重的位置。武術與佛家思想、道家精神、儒家理念、醫家文化乃至易學兵法、倫理教育、古典美學產生著千絲萬縷般的連帶關係。

首先，武術的修習過程體現了古人對整個世界乃至宇宙人生樸素的認識論及發展觀。古典哲學中「陰陽」、「五行」、「九宮」等數理概念都在武術的演練中得到淋漓盡致的展示。太極拳柔中寓剛，後發先至，取法陰陽之道；八卦掌走中行拳，曲中求直，暗合八卦易理；而形意的五行拳則體現出五行生剋，往復循環，生生不息的大道玄機……諸如此類，不勝枚舉。似乎武術的一招一式都深深打上了古典哲學的烙印而有章可循，有源可依。

其次，古典哲學與傳統養生皆宣導人須在放鬆入靜，心如止水的前提下，即可實現人與自然的和諧共生。道家崇尚「平常心是道」、「道法自然」；佛家指出「由定生慧」；禪宗進而提出「明心是性，見性成佛」，認為人只要拋卻分別、執著、妄想、瞋恨等內在的干擾，便可激發自身的潛能，洞察宇宙的真相，從而達到如如不動的涅槃之境。武術運動雖然外在動若波濤奔湧，卻要求內裡靜如山嶽。人只有保持著淡定平和的心態，才不會為外界的假像所迷惑，能準確明晰地作出判斷與抉擇。否則，當人處於緊張、驚恐、焦躁的情緒中，必然舉止失常，動作僵硬而大失水準。武術始終看重形與神的協調統一，主張「內外三合」、「形斷意連」。當我們拭卻了心靈的蒙蔽，自可喚醒自然賦予人類的原始本能。

從某種意義上，武術之道即是人處於體靜身鬆的狀態下，與自然達到最佳契合的生命之道！這其中貫穿了傳統文化中厚重的人文精神和佛道思想的義理玄機。

再則，武術與中醫猶如一對孿生兄弟，多年來唇齒相依，桴鼓相應，武術所依賴的哲學依據如陰陽、五行等與中醫同出一轍，武術所奉行的養生思想及經絡穴位的確認，與中醫殊無二致。可以說，中醫恢宏的理論體系為武術奠定了一個完備的生理學基礎。歷史上許多醫家本身就深諳武道，而相當多的武術家亦在習武的同時，涉足醫林，濟世懸壺。從這個意義上，談武醫同源毫不為過。

值得一提的是，如果透析武術的精神層面，會發現除了要求習練者有自強不息，百折不回的堅韌與執著之外，更重要的是對武術倫理道德的恪守，而武德的核心內涵是傳統儒家文化，儒家文化的精神實質是倫理文化。當代哲學家馮友蘭先生指出：「中國文化的精神基礎是倫理。」根植於中華土壤中的傳統武術，無時無處不在昭示這種倫理道德規範。武術所宣揚的尊師重道，扶危濟困，寬容謙和等內容，儼然是儒家文化中「仁義禮智信」、「忠孝倫常」等思想的全面體現。儒家思想為每一位習武者的行為處事提供了強有力的理論依據。

傳統武術與傳統文化水乳交融，須臾不可相離，武術中的文化屬性與精神內涵實難一一道盡。透過傳統武術，我們可以窺見歷史的進程，探尋文化的啟蒙，思索宇宙的玄機。在攻防搏殺與刀光劍影之外，我們看到的武術是一位秀外慧中的儒者，他如炬的雙眸凝結著寬容與智慧，他堅實的胸膛蘊藏著文明與禪機。他似乎超然物外，又恍若與我們血脈相連；他看似顯隱著暴力與殺戮，卻又始終順應著文明的腳步。

古樸、厚重的武術文化，承載著數代武術人的進取與反思，她是每一個習武者的精神家園，我們民族思想體系中的寶貴財富！

形意拳的文化

如果說傳統武術是中國傳統文化百花園中的一枝奇葩，那麼形意拳就正是這朵嬌豔花朵上的美麗花蕊。形意拳源遠流長，內涵豐富，哲理深刻，效果顯著。一個練習者，對其中所包含的文化意蘊若不能深入瞭解，不僅會給自己的習武歷程帶來困難和疑惑，更是小看了形意拳，無法領悟其中的三昧。

初習形意拳者都會有一種體驗，就是老師不厭其煩地一遍遍講拳理，講拳史故事。原因無它，形意拳的文化使然。形意拳是傳統武術中最重視拳理的一種拳法。為什麼如此？還是文化使然。有些老拳師講，形意拳不是拳，是道，是體悟世間大道的手段。這話如果放到形意拳文化的角度看，真的沒有錯。因為從形意拳一出現，就始終浸潤在傳統文化這樣一個大池塘中，它自然與中國傳統文化一脈相承、息息相通，也就理所當然地成為了傳統文化核心之一的「道」的體悟手段。

形意拳的文化，我們可以從以下幾方面來認識。

一、形意拳的哲學原理

形意拳，原名心意六合拳，以形為表，以意為本，一外一內，正符合中國傳統哲學中的陰陽太極理論。太極陰陽是中國傳統哲學的核心之一，表現在世界現實中，為內外、動靜、裡表、正負等等，簡單的可理解為對立統一的矛盾雙方。太極陰陽理論不是陳述矛盾的事實，而是研究這矛盾雙方的相互轉化、依存、鬥爭等變化規律，這是中國人的辯證法。形意拳的形與意，也正是這樣，以心意為根本，以形動為表現，兩者相合，在技擊上能增大攻擊力，在修身上能內外兼顧，益壽延年。

形意拳中很重要的一部分功法稱為五行拳，劈崩鑽炮橫對應金水木火土，這拳法的名稱及理論來源就是中國哲學中的五行說。五行理論，是中國哲學中的又一個大分支。五行有相剋相生，對應的五行拳也有相剋相生。五行體現古人認為的世界五種基本元素的本質，五行拳亦以此為特點，故有劈拳似斧屬金、鑽拳似閃屬水、崩拳似箭屬木、炮拳似炮屬火、橫拳似彈屬土的說法。練時也要求體會這五種屬性的本義，這樣才能練出拳的真諦。

形意拳的基礎樁法為三體式，又名三才式，這又是從傳統哲學的陰陽兩儀三才四象說中衍化而出。三才天地人，形意拳的三體式的站法正是象徵這一內涵。頭上領為天，腳實踏為地，中間手前出為人。三才說講究人為天地之靈，所以形意拳中間的手為技擊打鬥的主體。正如《陰符經》所言：「天性，人也；人心，機也；立天之道以定人也。天發殺機，斗轉星移；地發殺機，龍蛇起陸；人發殺機，天地反覆；天人合發，萬化定基。」三體式練的就是個天地人的合。

說到合，這是形意拳中的另一個重要思想基礎。心意六合，這個合字可不簡單。中國傳統哲學特別講究「和」，這個「和」中就有相融、一統、和諧之義。而心意六合的合，含義是要求身心內外、四肢百骸不論動與靜中都要相呼應、相統屬、和諧一致，形成一致的合力方向。字面上看，合是要求動作的協調統一，而內裡實質，此「合」恰恰是彼「和」，說的完全是一回事。

和的最高境界是天人合一，以己之身心應天道之變化，順其自然，順勢而作，求得大自在、大圓滿。練形意拳，防身自衛只是它的一個功能，透過練習，體會這種傳統哲學的精神，從而明悟世界，感知規律，求得天人合一，這也是它的一個功能。所以老拳師們說練形意拳練的是道，這話，在理！

二、形意拳的歷史淵源

形意拳的形成發展史，前文已述及，此處不重複。但在形意拳的發展中，有幾點很讓人感到驚異。

一是拳理的傳承。形意拳的拳歌拳譜由古及今，從未間斷。它從前是秘傳，等閒人是瞭解不了這東西的。但新中國成立前曾有研究者赴陳家溝瞭解陳氏太極拳，錄得陳鑫的《三三拳譜》，從其目錄來看，其中有相當多的內容竟與形意拳譜相似。如果這些事屬實，那麼不管是誰參考了誰，都說明這東西是極有價值、近乎完美的真理體系。

形意拳由心意六合拳而來，或者也可以說它就是心意六合拳的一個分支。心意六合拳可考拳史在明清之際，拳史傳說是源於宋朝，甚至更早，絕不比太極拳晚。兩者的前述的相似，兩者的漫長的發展過程，都說明了它們深厚的文化積澱。特別是它們遠祖的相近相似，似乎更寓示著某一個大文化的源頭。

其次，形意拳門裡尊岳飛為祖師，岳飛創拳是否屬實咱們不探討，但敬英雄重氣節這樣的文化價值觀在形意拳中體現無遺。舊時練形意拳講究很多，習拳者不論多麼困窘，不得藝傳外邦，不得賣藝求錢，這種邊習武邊修德的做法，正是傳統文化的要求所致。

第三，練拳本是武，卻要以文化為魂。拳自武穆傳，理法道家說，長久地傳承下來，特別適合中國這個農耕文化為主體的國家的民情。所以形意拳門人，出了不少文人練拳或者武人文相的人物。舊時的虎頭太保孫祿堂，今世的尚氏傳人李文彬皆是此輩。

三、形意拳的審美觀念

形意拳練起來不如其他拳法花巧好看，反倒是有一種質樸淳厚的感覺。這種不加文飾的審美觀念實在獨特。不求眩目，只講實用，棄美觀而就實戰，形意拳這種獨特的審美觀念也是傳統文化在它身上留下的烙印。大巧不工，古拙奇韻，反而給人一種自然的返璞歸真之感。

如果說少林拳剛健有力、節奏分明，是拳中的李白之詩，八卦掌流暢灑脫、風行水上，是拳裡的少遊之詞，那麼形意拳就以其雄渾氣魄、簡潔無華成就了拳裡的東坡之語，天然率性，由繁而約；上體天道，下健身心，演練起來別有一番風景。簡則簡矣，卻絕不失拳舞之美。所以無數練習形意拳的習武者，越練越喜愛，越練越專心，一輩子浸淫於此的絕不是少數。

正是由於以上這些原因，使得形意拳絕不如外表看來那麼簡單，單是它身上那麼厚重的文化味，就足以讓它的芬芳享世永存了。

傳統武術能實戰

我是一個練了半輩子傳統武術的人，不論是養生還是防身，我都嘗到了甜頭。現在國內的武術界，有好多人看不起傳統武術，說它是花架子，中看不中用——不能打，我不敢苟同，因為在幾十年的人生經歷裡，我深深體會到了傳統武術的技擊作用。

我於 1946 年 1 月出生在瀋陽，從小我就喜歡武術。那時我家住在瀋陽城的大北門外火神廟附近，那可是一個藏龍臥虎的地方，武派太極高手閻志高的師兄霍夢魁就在那裡練武授徒。霍大伯與我父親是好朋友，於是從 12 歲起，我就跟著他習武練功。不幸的是，在我 16 歲那年，霍大伯因煤氣中毒而謝世，我失去了一位好老師。從那以後，我開始跟舅舅夏英久及他的師兄弟蘭樹銘學摔跤。夏與蘭都是尚雲祥高徒張定一的傳人，特別是蘭樹銘的跤技赫赫有名，他與哥哥蘭樹生共創了瀋陽摔跤的「蘭門」一派。在明師指點下，我的跤技突飛猛進。

「文化大革命」開始後，到處一片混亂，我的習武練跤活動也被迫終止了。1966 年的一天，我到市郊一個農村去畫毛主席像，下午回家的路上，一輛卡車從身後追來，停在我身邊，車上跳下一群人，不由分說，用一隻麻袋套在我身上，扔到車上，開車就走。後來他們把我拉到一個地下室，好一頓痛打。打過後，才知道原來抓錯了人，把我當成另一個對立的造反派的人給抓來了。無端受屈，給我刺激很大，一連幾天都咽不下這口氣。我從小習武，又練摔跤，可是連這種突發事件都對付不了，這不是白練了嘛！這時有朋友說，你練摔跤能對付一二人，若是武術練明白、練精了，那七八個人都不在話下。一語點醒夢中人，從此我遍訪瀋陽的名師，瘋了一樣地習武。

我先後跟尉劍峰、劉清泉、呂洪臣、付劍飛學過八卦掌、綿拳、拳擊、快手技擊，收穫很大。這一時期，我的單刀和甩頭（繩鏢）練得很好，一起玩的夥伴都稱我為「小勝英」。那時我年輕氣盛，愛打抱不平，又仗著有了點功夫，很愛與人動手。有一次，我在東關里雲小學附近練武，見幾個無賴對我一個師妹糾纏不休，我一氣之下，一頓拳腳打得他們落荒而逃。

1983 年夏天，我代表付劍飛去給楊俊秀祝賀七十大壽，沒想到竟成了我武術生涯的轉捩點。楊俊秀是形意拳高手，其師辛健侯是尚雲祥的高徒，新中國成立前曾獲全國武術擂臺賽冠軍。楊俊秀功夫十分了得，尤精技擊，不僅在瀋陽，就在東北武術界也大有名氣。那天我去賀壽，楊師的一個弟子郭某某被人挑撥，說我是付劍飛付大劍客的徒弟，好鬥，如何不服人、如何狂妄等等，挑唆他與我比手過招。郭輕信了，再三提出要與我比劃比劃。

我推脫再三也推脫不掉，只好與他過手。我們在一個沒人的屋裡講好點到為止，一伸手，我連勝了三次。郭急了，就在我轉身出門時從背後偷襲，我疾轉身格架，不小心把腕上的手錶打壞了。那年月，錶可是十分值錢的物件。我也急了，一個野馬分鬃將郭挑起來拋到炕上，砸碎了幾塊炕磚，人也落進了炕洞裡，疼得他嗷嗷叫。紙裡包不住火，沒多大工夫，楊師就知道了事情的始末，把他的弟子大罵了一通，然後提出要教我武術（他看中了我的膽識和為人），這正是我求之不得的，從此我就跟著楊師習練尚派形意拳。

跟從了楊師，才知道武術的天地是多麼廣闊，才知道技擊的奧秘有多深，再回過頭來想想自己從前與人動手較技，不禁冷汗直流，我那是沒有遇到真正的高手，若是碰上一個像楊師這樣的，不把我打扁才怪呢！

這一年年底，楊俊秀病重，我在床前護理了一個多月。這期間，他給我講了好多的技擊理論和技擊手法，可惜我當時形意的根底淺，領悟不透。1990 年後，李文彬老先生來瀋陽，及 1995 年我代表師父去齊齊哈爾給李文彬老先生祝壽，聽其講解，方才弄懂；以後又經過孫劍雲大師指點，才把形意拳的實戰、技擊弄明白，悟透了，並開始形成了自己的風格。

楊師病逝後，我的舅舅夏英久又把我送到楊的師兄張國良（辛健侯的掌門徒，1947 年第二次東北武術擂臺賽季軍得主）處，張先生將我收入門下，從此我拜張國良為師，繼續苦練尚派形意拳。

那時我每天早晨 5 點以前就到公園練功，7 點多才離開，晚上還要自己加練一個多小時。張師每天帶著我練拳，給我講技擊手法，有時甚至我們爺倆真打實拼。開始的時候都是我輸，經過好多年，直到 20 世紀 90 年代，我才能和師父互有勝負。我師父名聲大，有時會有練家來切磋，也有時會有來挑釁踢場子的。有一回來了一個練太極的彪形大漢，把我練的相當不錯的師弟都給贏了。第二天他又來了，目空一切，口出大言，一個勁地貶低我們的形意拳。我忍不住與他動了手，一個崩拳打得他退出丈外。他不服，喘了口氣再來，又被我用野馬分鬃挑得直飄出去。這一回他服了，臨走時對我師父說：「你有個好的頂門徒弟了！」

1995 年，遼寧省以武術界、摔跤界、拳擊界部分名家為主體，組建了省跆拳道協會，又成立了遼寧省跆拳道運動隊，聘請曾獲韓國全國冠軍的金勇先生為教練，教授跆拳道比賽技術和經驗。當時所有搞跆拳道的都是只會用腿而不懂用拳，而金先生又頗有些看不起我們遼寧隊。在為他送行的告別宴會上，我提到拳的用法，金先生不屑一顧，後來我們兩個試了試手，他被我的一個劈拳打出三米開外。金先生態度立刻一百八十度大轉彎，很服氣地承認形意拳非常實用。後來這事傳了出去，省隊的寧某某和王某某不信，非要一試。寧某某是當時全省 75 公斤級的冠軍，結果被我一巴掌一個，都打得飄了起來。他們與當時的總教練張某某、主任譚某某說了這事，他們也不信，也來找我，結果也是一巴掌一個地飛了出去。在 1995 年到 1997 年期間，遼寧省跆拳道界都講：「張世杰這老爺子最能打，誰也經不住他一巴掌！」

像這樣的事還有很多。如遼寧無差別級散打、跆拳道雙料冠軍王某某比賽獲勝後有點飄飄然，我說了句：「小夥子打的還行，就是發力差點兒！」他不服，問我怎麼發力，並與我動手，被我一巴掌打出四五米遠。他急走過來後，給我行了個九十度的鞠躬禮，問我怎麼稱呼，在哪練拳。從此，他每天早晨5點準時到長青公園裡跟我學藝。開始時他一個人來看不清動作，後來又帶一個人來和我比劃，他在旁邊看，直學了一個多月才離去。當時他是散打的教練，但他教的東西裡有許多都是我所教的形意拳的東西。還有20世紀90年代中期的全國拳擊、散打雙料冠軍崔某，與我動手時，幾次被我用橫拳買住胳膊，動彈不得，於是心服口服。

我平時在瀋陽市東陵區的長青公園練拳授徒。因為我在瀋陽的武術界還算有些名氣，來我場子與我切磋交流、比手過招的人常有。1995年秋天，我省的原公安廳武術擒拿教練宋某某，見我習武有成就又特別吃功夫，就跟我說要把他的擒拿功夫傳給我。我對宋說，自己門裡的東西還練不過來，沒有時間再學別的了。他見我對他的擒拿不感興趣，有些惱火，便連續三天晚上與我的徒弟們動手，用擒拿手法整治他們。三天後，徒弟在晨練時對我講宋的擒拿如何如何好，我告訴他們，用形意拳的「懶龍臥道」就可以破他的擒拿。果然，當晚宋就吃了虧。第二天早上他又來了，非要與我過手。沒別的選擇，只好「手底下見真章」了。我伸出一手，宋上來就叼我的腕子，我身形一動，螺旋變勁，用了個拗步鷹捉，將宋的身體騰空打起，扔到丈外的牆上。他落地後，頭上冒出冷汗，臉色煞白地說：「我看走眼了！我以為你的功夫與我的大徒弟王某某差不多，沒想到好到這個份上！」我給了他一張名片，跟他講：「我現在掌著瀋陽尚派形意的門，別家的東西我不想學，只想把形意拳內裡的功法、心法弄明白，再傳下去。還是那個話，對不起，你的東西再好，我也不想學。」

1997 年夏季，有四個散打練的不錯的小夥子來我這裡挑釁。我一掌將其中一個體格健壯的打出丈外。另一個身高近一米九的大個子無禮地用兩根手指招呼我說：「你來，咱倆比劃比劃。」我只一上步，一掌就將這個不懂武德之人打起近一米來高，飛出丈外落地摔到，他連滾兩滾，當時臉色白得嚇人。周圍的人也都嚇了一跳，以為我把人給打壞了。過了一會，我看到大個子沒有起來，就走到他身邊說：「你起來吧，沒事！你就是屁股蹭了一下，嚇了一跳，沒怎麼樣！」他起來拍拍身上的土，沒覺著哪兒痛，就問我挨打怎麼不疼？我說：「我只是摩挲你一下，又沒真打你，疼什麼疼？」過了一陣，那四個練散打的小夥兒商量一下，又問我：「要是我們四個一齊上，你能怎麼樣？」我笑了笑，回答：「我一巴掌一個，都把你們送醫院去。」他們想了想，覺得有這可能，互相使了個眼色，就要行禮拜師。我攔住他們，說：「你們不懂規矩，沒有武德，我不能收你們為徒。」三天後，他們領來兩位年紀稍長看上去像是教練的人，在我的拳場邊上看我們練武。看了一會，他們說：「我們贏不了這位老師！」就走了。

2003 年 5 月末，瀋陽虎石台一位大成拳門人、練過十七年形意拳的樊某某聽說我愛與人動手，就特地開著車與其師兄一起來找我。我們倆動手打了好一會兒。樊某某年輕體質好，氣力大，但一直打不著我，我也看明白了樊的打法。後來我用了兩次龍絞柱的手法，將他抖了個側空翻。我怕他摔壞了，順手帶了他一把，告訴他：「你輸了！」樊與他的師哥都很佩服，說：「您是真功夫，不是酒桌上吹牛的嘴皮子功夫！」

傳統武術練好了，身上有了功夫，能打善戰，遇到什麼樣的意外都不害怕。1999 年，我去山西恒山旅遊，在懸空寺碰到一幫當地人拽著我，非讓我買他們的紀念品不可。我一個發力，把拉我的人抖了出去。這時從後面過來一個老道士，兩手一合就要拿我的手臂。我借勢一個燕子穿林化開，肩一點，打在老道的前胸，打得他「哎呀」一聲。那幫人都吃了一驚，愣住了。老道一驚之下，轉變了態度，說什麼也不讓我走，跑進屋裡取出一張名片，說：「我是匡長修道長的弟子，這些人都是我的弟子。你功夫這麼好，咱倆得換名片。」我只好與他交換了名片。他接過名片一看，面露喜色，對弟子們說：「看見沒有，我輸得不冤，這位是形意拳的高人，遼寧省形意拳研究會會長，瀋陽尚派的掌門！」給自己找了個臺階下。

現在好多人說傳統武術不能實戰，其實是把武術學死了。再好的東西變成死框框，還能有多大用處？絕招也就成了花架子。我跟我的徒弟們常講，學拳得學活，得會發力、變勁、換位，這樣才能打得了人！

2002 年首屆全國形意拳擂臺賽上，我給天津隊的十幾名隊員講了些形意的應用技法，其中的劉寶合頭一天學會的鑽拳，第二天上場就用上了，把對手摔了個凌空側翻倒地，贏得全場一片喝彩聲。事後，劉說：「這是張老師剛教給我的！」這次比賽中，我的三名徒弟參賽，取得兩項第一名。

2003 年，我在《精武》雜誌上發表文章《形意拳沾上倒、碰上飛》，有些好鬥的武術家看後到瀋陽長青公園找我非要切磋，幾天裡共來了十二撥人，我贏了九撥，另外三撥說什麼也不比劃了。

2006 年 3 月，齊市的李某老師和本溪的張某某透過浙江上虞市武協欲舉辦形意拳培訓班，上虞的形意拳沈老師從外地請來一位練摔跤柔道的教練，身高 1.8 米多，體重 210 多斤，年齡 43 歲，人正當年，一切都好。李某和張某某說什麼也不去應戰，並說：「我們只講表演、練功，實戰歸張世杰教。」辦班的事我雖然事先不知道，但為了給我在上虞的弟子爭面子，只好去應戰了。結果一動手，我贏的非常漂亮。對方於請他來的沈老師說：「張老師是真功夫，不像那些武術大師只是嘴巴上的功夫。另外張老師武德特別好。」並要求和我合影留念。

2005 年開始，我到全國各地講學，傳播形意拳，有許多武者見面非要先動手，他們說「您能勝了我們，我們跟你學；你要是輸了，我們跟你學什麼？」武者說的好，練武不懂用，贏不了人怎麼證明你教的對不對！所以凡是請我教拳的幾乎全是先動手再教拳，有的地方還請了一些散打冠軍來切磋、驗證。我在四年多的全國遊走，至今沒輸過一次。

我不是什麼高人，更不是什麼大師，只是中國千千萬萬練傳統武術中的一個。但我從我的練武經歷中感受到：只要下工夫，只要有恒心，就能把武術練好，就能功夫上身，就能實戰！傳統武術不是「能」實戰，而是「特別能」實戰，說傳統武術與實戰有距離的人，只怕是還沒有悟出武術的真諦。

其實只要你們再下一番苦功，到了水到渠成的那一天，你們就會知道，我現在所說的是實話而非謊言。

什麼樣的武術能打

曲成彬

中華武術歷史悠久，被國人奉為「國術」，是外國人認可度最高的中國傳統體育形式，甚至成為中國的代表，在老外眼裡，中國與中國功夫已經成為一體。

中華武術受到如此尊崇，原因很多，不能否認影視宣傳的功勞，當然，他的神秘，他的保守，他的傳說更增添了他的魅力和神奇。

進入新時代，資訊、媒體技術高度發達，資訊傳播的速度和品質空前提高，一些原本神秘的事情開始還原真實。早年擂臺視頻雖然模糊，但可清晰體會到武術實戰的真實情形，中央電視臺最近熱播的武林大會，更是將真實的武術實戰展現得淋漓盡致。雖然這個節目非議不斷，但這麼多拳種、這麼多選手還是一定程度上反映出當今武術實戰的狀態。

神話開始打破，曾經的神功絕技，曾經的優雅從容，曾經的閒庭信步，已經成為傳說，懷疑的聲音越來越多，武術還能打嗎？在專業的拳擊、散打面前，是否不堪一擊呢？

質疑是一件好事情，能將真實描繪得更清晰、更準確。面對質疑，我們重新審視武術的實戰。

武術到底能不能打，我認為這是不用懷疑的。武術的產生、發展、成熟只有一個檢驗標準——實戰，為了提高搏鬥的效率，以最小的損失消滅對手，是武術產生的依據。在無數次實踐中，一些複雜的、低效的技術逐漸淘汰，在實戰中不斷完善的技術體系形成一個又一個成熟的拳種，這些拳種的傳人構成了整個武林。由此，我們可以得出一個結論，武術產生於實戰，應用於實戰，武術是能打的。

以上分析，還能夠得出另一個結論，所有拳種都能打。這也是一個沒有疑問的結論。哲學家們說存在即合理，武林包含各種各樣、各具特色、差異明顯的拳種，但每一個拳種的成長軌跡都是相似的，都是經過實踐的檢驗的，實踐是檢驗真理的唯一標準。

中國有這麼多能打好使的拳種，為什麼還引起如此多的非議呢？還是那句老話，祖宗的東西是祖宗的，不是我們的。傳奇和成績都是祖宗的光榮，和現在的傳人沒有關係。躺在一代又一代積累的盛名下乘涼的人們，只能承受越來越多的非議。要變非議為讚美，趕緊站起來努力吧，名聲是靠自己打出來的。

存在的拳種都能打，關鍵是怎麼練。古人習武只有一個目的——消滅敵人，精練的技術和不斷的實踐，造就一個個武術巨擘。現在人習武多以健身表演為主，優美的身姿、嘩眾取寵的招式成為人們爭相追崇的對象。因此，一些奇怪的現象產生了，人們認為誇張的武術表演才是真正的武術，慢悠悠的老年太極就是內家拳的代表，內斂渾厚的傳統武術被曲解得面目全非。這樣的習武風氣和社會認識，武術怎麼能發展？

其實，要真正成為傳統武術的傳習者，發揚光大偉大的中華武術，還原武林真相，方法很簡單，明確學習目的，拜明師，勤切磋，持之以恆，一定能成為偉大的武術家。

可是這麼簡單的道理，明白和堅持的能有幾個人呢？所以，不要說武術不行了，不要埋怨老師的保守，不要對別人說三道四，看看我們現在的武林有多少人在誇誇其談，有多少人浪得虛名，有多少人在招搖撞騙，看清楚這些，我們對武術的現狀就完全理解了。

武術還有前途嗎？當然有！武術已經不單純是傳統體育項目了，他已經成為中華傳統文化不可分割的一部分，十七大報告中也明確提出要弘揚中華文明，武術作為中國特有的民族瑰寶，他的生命力維繫在億萬中國人民。如此龐大的文化根基，中華武術怎麼能消亡呢？

人是武術的根，救武術還得靠人。在慘澹的武林現狀背後，我們欣喜地看到還有一些民間的真正的傳統武術的傳習者在默默地耕耘，他們用自己的生命在續寫武術的輝煌，展示武術的神奇。

張世杰先生是這些值得人們景仰的前輩中的典型代表，張先生師承張國良先生，是尚雲祥、辛健侯、張國良一支的直系傳人。張先生幼時習武，從外家入門，內家築根基，以形意聞名。張先生精摔跤，明太極，曉八卦，拜張國良先生為師後潛心研究形意拳，十幾年勤習不輟，先後得到楊俊秀、李文彬、孫劍雲等名家的指點，終於形成一套具有自己獨特風格的形意拳體系。該體系不迷信、不盲從，以現代科學理論支撐傳統武術的合理性，理念、練法、打法都對傳統形意拳進行繼承和發展。

這才是真正的習武者，是中華武術的希望。

最值得敬佩的是張世杰先生對武術一以貫之的堅持和熱愛。張先生數十年早上5點到公園練功，一年365天，天天如此，大年三十也要照常，只是在老父親去世時停過一天。如此的恒心和毅力有幾人能做到？如此的付出獲得的回報怎麼能不豐厚？

張世杰先生是習武的天才。為什麼這麼說呢？世界上本沒有天才，天才是基本聰明加無限的努力，張先生就是這樣成就的天才。不可否認張先生的聰明，由於幼時家境貧寒，張先生書讀得不多，但他學習的火焰在心中熊熊燃燒，幾十年的摸索，不斷的練習，終於成就了自己在書畫方面的輝煌，張先生的字畫堪比著名書畫家的水準。在習武中，張先生的聰明更是得到充分展現。傳統武術的理論大多是太極、兩儀、三才、四象等內容，文辭含混，今人很難理解，張先生用現代物理力學解釋傳統三體式，其科學性一目了然，這樣的事情在張先生傳習武術生涯中比比皆是。正是這份聰明加上內心強大的堅持，張先生才開闢出屬於自己的武術道路。

張世杰先生的武術水準是在不斷的切磋、實戰中提高的。張先生練武術最大的特點是學以致用，幾十年習武生涯，交手無數次。從初期的屢敗，到中期的勝多負少，直至現在的出手就贏人。一步一個腳印踏踏實實地求索，才達到今天的高度。相反我們看到很多故事說某某人習武以來未嘗一敗，打遍天下無敵手。呵呵，太故事了。張先生切磋不避諱別人觀看，在徒弟面前亦無所謂，做到真正的實事求是，也是他偉大過人之處。

張世杰先生習武經驗中最值得現在人學習的是專一，只有專業才有品質。張先生習武生涯前期廣泛涉獵各派拳術，但進入形意門後，專心研究形意拳，心無旁騖。說起以前學習的武術，他常說我已經忘光了，只知道形意拳。樸實的話語道出習武的真諦。武術博大精深，每一個拳種都有深刻的內涵，普通人窮一生精力也難以全明白，如果要同時學多個拳種，只能樣樣通，樣樣鬆，到頭來什麼也沒弄明白。現在很多武術愛好者今天太極，明天八卦，張口就是業通三家，甚至開門立派，浮躁心態危害無窮。當然，如果你是像孫祿堂先生一樣的天才，你就隨便學吧。

開門授徒是張世杰先生又一感人之舉，保守歷來是武林的關鍵字，守著祖宗的東西（有些已經丟了很多）敝帚自珍的人大有人在，張先生破除門戶之見，對於熱心學習者，傾囊相授，毫不保留，甚至用自己的身體讓學生驗證學習效果，感人至深。近幾年，張先生為了更好地傳播弘揚中華武術，同時節省學生的花費，走遍大江南北，所到之處受到學生熱烈歡迎，高超的技藝和高尚的品德贏得武林同道的尊敬。

張世杰先生為我們展示了原始的武林狀態，潛心武學，勇於證道，破舊立新，這些精神是武術發展的命脈。張先生多年傳拳過程中，全國各地，甚至國外，湧現出大量熱愛傳統武術，並有志於傳承中華武術的武術愛好者，他們是武術的前途和希望。

說到這裡，我們能夠回答題目的問題了，武林大家庭中存在的武術都是能打的，至於如何重現武術的輝煌，責任不在武術，而在我們現在傳承武術的人身上。

隨張世杰學拳小記

悠 兮

跟張世杰老師學拳已有一年多的時間，一直以來也想寫點什麼，因為張老師對我的幫助實在是太大了——在我練拳到了一個坎兒、停滯不前的時候，張老師提拔了我。一個人練拳，沒進步時的苦悶心情，可能並不是每個人都能理解的，也只有經歷過的人才能真正理解張老師對我的恩情。並且經張老師指點，我對形意拳的理解也由迷茫而變得清晰。

初次見到張老師是去年的國慶日前，當時張老師剛剛住下。本想讓張老師先休息一下，我先做一些簡單的瞭解，不想張老師不顧旅途的勞累，劈頭就問：「拳練明白了沒有？」隨後，張老師就我練習鷹捉中存在的問題，結合用法，指導了鷹捉的各項要領，講得清晰而透徹，不但能夠讓人知其然，還讓人知其所以然。

在接下來的幾天，張老師又進一步詳細地講解了鷹捉的要領、勁路，並且手把手地糾正動作。在講道鷹捉用法時，張老師親自餵勁，這讓我非常感動。另外，這次還深入學習了踩雞步與熊形。

在見到張老師之前，我也練過一點形意拳。張老師卻並無門戶之見，初次見面即傾囊相授，而且是手把手地教。另外，對我所學的五行拳也作了指點：張老師把我所缺失的勁兒給找全，卻不要求我改動作。他說：「你原先所學的也很好，我給你把勁找全了。」又說：「我的學生也應該形成自己的風格，這樣形意拳才能有發展。」這種以拳術為大、不計門戶之見的胸襟，在我所見的老師中確實是獨一無二。

兩個月後，再一次見到張老師。這次重點學習了抖杆子和養生實用的內功。今年六月份，張老師又教了九宮的練法。說實話，東西太多了，以至於都消化不良了。由於平時練習時間少，練得也不夠刻苦，深感對不起老師，都快不好意思學新東西了，只能先記下，慢慢理解練習。

張老師對我不僅有授藝之恩，更有點藝之情。經張老師的點撥，對形意拳的整體體系、練法與功法的關係等問題有了全新的認識。原先零散的東西開始逐步融合，練拳也更有方向感了。

下面談一點我個人的粗淺體會。由於練拳是一個過程，對拳術的理解也會隨著時間和功力的進步而有不同，先簡單寫一點，算是自己的一個總結吧。另外，以下這些內容未經張老師審核，僅僅代表我的個人理解，由於本人習練時間短，修為淺薄，疏漏難免，也請大家指正。

一、精練鷹捉，重在找勁

鷹捉是尚派形意拳一大法寶。張老師所傳的鷹捉不但出功夫快，而且技擊手法變化多端，結合養生功法練習，體會更加深刻。筆者體會，練習鷹捉，應當先求整勁，長功力；隨後便應該深究其中的勁意——鷹捉的勁細膩而完備，切不可因其外形的簡單而忽視它，從中可以體會出五行拳的勁意：鷹捉起手內含鑽、橫、崩三拳的勁力，又要有起如鋼銼之勢，扔出抖擻勁；落手內含劈、炮、崩三拳，又要有落如鉤竿之意，使勁路圓轉完備；一起一落，還要有整體湧進的翻浪勁。在練習過程中，對鷹捉所含的勁意，應當悉心體會其內在的變化，而又不可露形；注意節奏，動作不要貪快，手法、勁法、功力，一個都不能少。古人講「鷹熊競志，取法為拳，陰陽暗合，形意之源」，鷹捉作為母勢，練習時應當深究其中的內涵。

二、勤練熊形，強身守洞

張老師講過「熊形是形意拳看家的東西」，所謂看家，並不僅僅是一種防守的技法，更是一種強身健體的功法——試想自身不夠強壯，如何可以看家？練熊形就應該練出熊的莊嚴沉厚之氣。觀張老師練熊形，如同坦克開過一般，霸氣十足。張老師所傳的熊形與眾不同，不但較一般的熊形技法豐富，更有十分強烈的強壯丹田內氣的效果。作為個人的體會，練習熊形對暢通任脈非常有好處，練完之後，倍感舒適。

三、內功不輟，練養皆宜

形意拳是內家拳，練習功法不但有養生、強身的效果，而且對找勁、體會內勁有非常大的幫助。也有一些愛好者為求養生，專門學習張老師的功法。而我在練過張老師所傳的功法後，對原來所學也有了更深的理解。

應該說，這是一個核心的東西，張老師將它傳出，可謂功德無量。作為一個受益者，也希望大家不要辜負張老師的傳功之心，不要忽視它，將好東西傳播開來，讓更多的人受益。

張老師教的東西非常豐富，有些由於平時練習得少，缺乏自己的體會，在此不敢多說。古人講「一日為師，終身為父」，意在教導人們當銘記師恩，對張老師授藝之恩，唯有加倍苦練，以期將形意拳發揚光大！

張世杰濱州之行

屈　波

10月3日，應山東濱州市武術界同仁邀請，全國著名形意拳家張世杰先生來濱州傳授尚派形意拳。張老師此次的到來將填補濱州市形意拳空白。

本次參加張老師形意拳培訓班的學員，習武時間在5～15年左右，均具備較強的武術基礎，本次邀請張老師的目的是為提高自身實戰水準，加強自身功力，為今後習練傳統武術打下更好的基礎。

張老師在為期7天的培訓班上，比較系統地傳授了五行拳、百日功、雞形雜式、九宮圖、五行連環刀、抖大杆、形意拳基本功法、發力變勁、散手等，使大部分學員掌握了形意拳基本拳法和基本用法。在張老師的指導下，學員們一致的體會是，自己不但學到了真正的形意拳，而且對以前所學的武術也有所提高。如陳氏太極拳、五行通背拳、八卦掌、螳螂拳練習學員，在張老師指導下，對自己以往所練拳法又有了一種新的認識，即拳法是相通的，一通百通，只有在真正的名師指導下，才能將真正有價值的東西練出來。

本次培訓班上，有幾位學員已初步練出形意拳放人的整合發放勁，一個趟步將人打起很高，一個橫拳發力將人懸空打出，變勁鷹捉將人淩空發出丈外，都在邁步舉手之間，輕鬆自然；被放學員都有被彈後飛起來的感覺。

此次山東培訓，張老師雖列為入門培訓，但實際水準已很高，短短7天，已超過過去幾年的傳拳練拳收穫，這也體現了名師出高徒的真意，體現了張世杰先生不保留、不守舊的現代思想，體現了張老師育人成才的名家風範。

2007年10月3號，張世杰先生是第二次來濱州，此次濱州一行，是先生在整個山東地區傳授形意拳史上一個歷史紀念性的一行，將是開拓東北尚派形意拳山東分支的重要一行（招收弟子一名，留下山東東北尚派形意拳傳承譜），籌備成立東北尚派形意拳山東推廣中心已列為計畫，相信不久的將來，在張世杰先生的努力下，山東尚派形意拳將茁壯成長。

萬里獨行傳功夫　遍遊中國尋高徒

中華武術，國之瑰寶，造就出一批大師，他們將中華武術推到了一個高峰。晚清和民國時期，湧現出許多內家拳的頂級武林高手，如形意拳的鼻祖李洛能和其八大弟子，八卦掌的鼻祖董海川及其多位弟子，楊式太極的三代傳人，武式太極的幾代傳人等。

在舊中國的兩次擂臺賽上奪魁或取得名次的，大多是練形意拳和八卦掌的人物。

新中國成立後，也一直有許多武林大師在傳播傳統武術，有的是真正地、毫不保留地在教；但也有很多老師因受其傳統觀念的影響，比較保守，輕易不肯將其武術精華教出來，直到病危，臨終才想傳；也有是經歷幾次運動（鎮反、反右、四清、「文化大革命」）被搞怕了，不敢教了，只是養生，鍛鍊身體而已。

我自 1959 年開始習武至今，經過許多老師的指點、教授，學過多種拳種，得到了武術技擊的精髓，也走過很多的彎路……由多年的積累，總結出一些好的經驗，也豐富了自己的知識，並形成了自己的風格。

過去的形意拳只是五行拳，再發展成十大形，後來變為十二形等。而尚派在五行拳的基礎上有多出一個鷹捉，作為五行拳之母拳……

形意拳經曰：「太極十年不出門，形意當年打死人。」這說明形意拳出功夫快。可是很多拳師教學生或弟子卻要求先站三年樁（或一年樁），這樣光站樁不練拳，不懂其用法的傻練，有悖於「形意當年打死人（贏人）」的拳理。形意拳又講：「伸手、邁步就贏人。」可是很多練劈拳（鷹捉）者，轉身的動作就是防守，贏不了人，讓許多人不信服形意拳。所以練法和教法要貼近拳理，要有所更新或改進。

我練了二十多年的形意拳，並得到多位大師的指點，又常年和武友、學生切磋交流，逐漸改變了鷹捉（劈拳）的轉身練法，使其達到了「伸手邁步就贏人」的境界。另外在教學生和弟子時，不是單獨先練站樁，而是在練鷹捉打劈拳不動時，就是站樁，因為形意拳講「步步不離三體式」，所以打拳和站樁同時進行出功夫快，也能實現「形意當年打死人」的目的。

形意拳講「急如風，快似箭，打倒還嫌慢」，有人講鑽拳似電（閃電），但有其形，沒其速度。我認為不僅應該有其形，也要有其速度，才能充分體現出「急如風，快似箭」。我現在所教的鑽拳就是「電閃雷鳴帶下雨」，做到了「急如風，快似箭」而不違拳理，我的學生都認這個理。

形意拳講明勁、暗勁、化勁。很多學拳者不知練了多少年，一直都是明勁，也有暗勁的，但十年八年贏不了人，甚至還輸。我認為，只有練到化勁，才能保證不輸。那麼，作為一個好老師，應該直接教給學生和弟子化勁，再從化勁的基礎上帶著明勁、暗勁一起練，這樣出功會很快。可有人提出先要考察學生的人品、武德，直到認為合格才能教，才能收為弟子。這個理不錯，但不能是長時間的考察，有的你也不易考察出來好壞，如果以此為由，一考察就是幾年而不教真功夫，這樣會誤人子弟。

我近幾年獨自全國遊走（為了給學生減少經濟開支），教了數千名學生，收弟子過百名，其中就有許多不錯的。如天津的王兵，北京的丁寧，浙江的李隼、徐國橋、俞軍、俞平，海南的李永光，雲南的王偉，江蘇的林惠軍，山東的王吉成，廣西的文軍，河北的吳建民，遼寧的劉恒、趙立文、賈浩天、張賓、潘靜，湖北的蔣曉亮等，有很多在全國武術比賽中及省級武術賽事中多次獲金、銀牌，還有的多次獲省散打冠軍及全國散打冠軍。他們都是非常熱愛武術，並能將其發揚光大。

我教的學生也有很不錯的，大連的張積光，黑龍江的趙欣，山東的張國棟、劉勇華、屈波，廣東的蔡定龍、陳重明、張海峰等人，都是可塑之才，將來都有可能自成風格，成為頂級的武林英才。有了好苗子，老師一定要盡心盡力，因材施教，萬萬不可誤人前程。

師承表

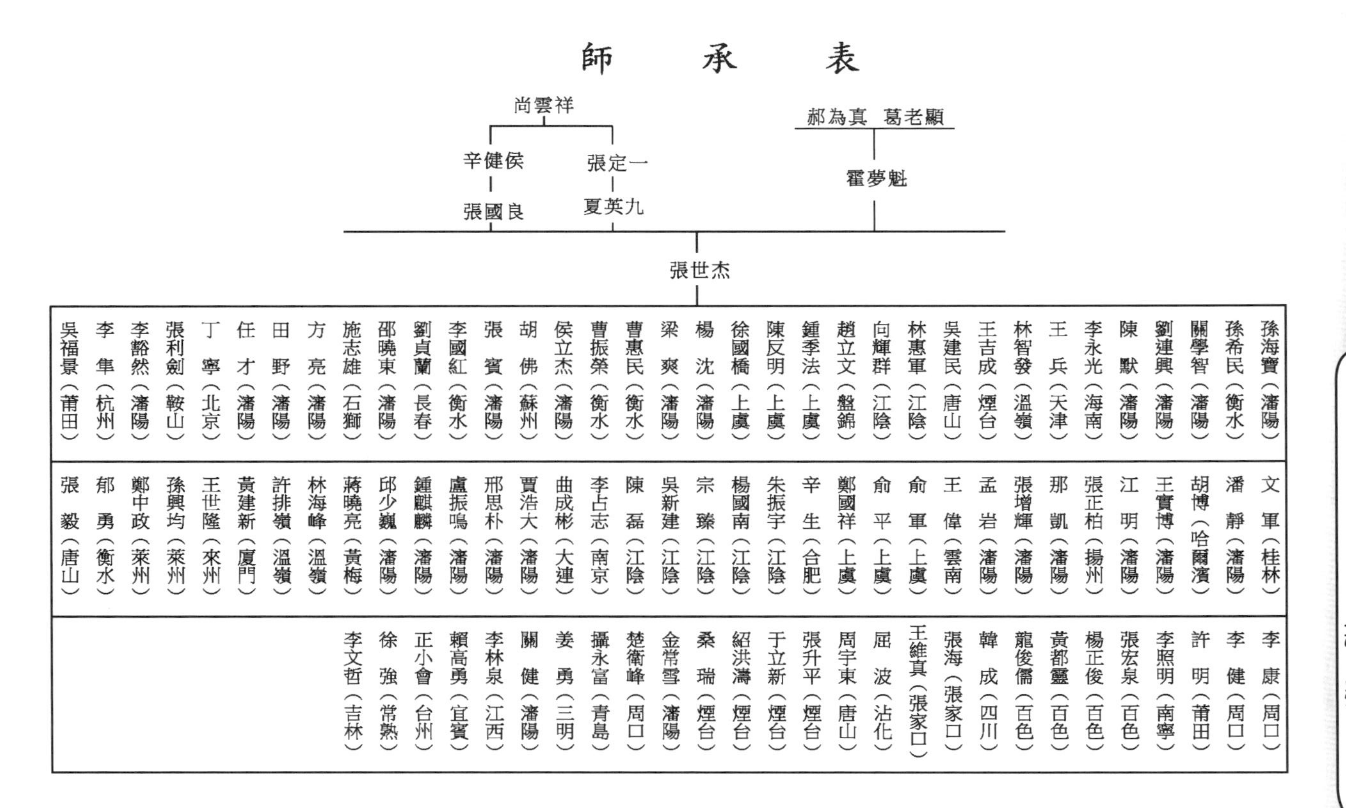

孫海寶（瀋陽）	文　軍（桂林）	李　康（周口）
孫希民（衡水）	潘　靜（瀋陽）	李　健（周口）
關學智（瀋陽）	胡　博（哈爾濱）	許　明（莆田）
劉連興（瀋陽）	王實博（瀋陽）	李照明（南寧）
陳　默（瀋陽）	江　明（瀋陽）	張宏泉（百色）
李永光（海南）	張正柏（揚州）	楊正俊（百色）
王　兵（天津）	那　凱（瀋陽）	黃都靈（百色）
林智發（溫嶺）	張增輝（瀋陽）	龍俊儒（百色）
王吉成（煙台）	孟　岩（瀋陽）	韓　成（四川）
吳建民（唐山）	王　偉（雲南）	張海（張家口）
林惠軍（江陰）	俞　軍（上虞）	王維真（張家口）
向輝群（江陰）	俞　平（上虞）	屈　波（沾化）
趙立文（盤錦）	鄭國祥（上虞）	周宇東（唐山）
鍾季法（上虞）	辛　生（合肥）	張升平（煙台）
陳反明（上虞）	朱振宇（江陰）	于立新（煙台）
徐國橋（上虞）	楊國南（江陰）	紹洪濤（煙台）
楊　沈（瀋陽）	宗　臻（江陰）	桑　瑞（煙台）
梁　爽（瀋陽）	吳新建（江陰）	金常雪（瀋陽）
曹惠民（衡水）	陳　磊（江陰）	楚衛峰（周口）
曹振榮（衡水）	李占志（南京）	攝永富（青島）
侯立杰（瀋陽）	曲成彬（大連）	姜　勇（三明）
胡　佛（蘇州）	賈浩大（瀋陽）	關　健（瀋陽）
張　賓（瀋陽）	邢思朴（瀋陽）	李林泉（江西）
李國紅（衡水）	盧振鳴（瀋陽）	賴高勇（宜賓）
劉貞蘭（長春）	鍾麒麟（瀋陽）	正小會（台州）
邵曉東（瀋陽）	邱少巍（瀋陽）	徐　強（常熟）
施志雄（石獅）	蔣曉亮（黃梅）	李文哲（吉林）
方　亮（瀋陽）	林海峰（溫嶺）	
田　野（瀋陽）	許排嶺（溫嶺）	
任　才（瀋陽）	黃建新（廈門）	
丁　寧（北京）	王世隆（來州）	
張利劍（鞍山）	孫興均（萊州）	
李豁然（瀋陽）	鄭中政（萊州）	
李　隼（杭州）	郁　勇（衡水）	
吳福景（莆田）	張　毅（唐山）	

彩色圖解太極武術

定價220元

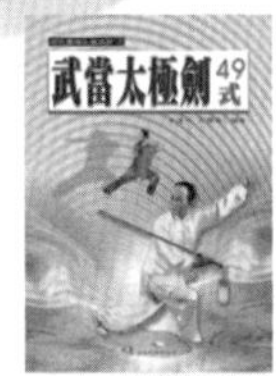

定價220元

定價220元

定價220元

定價350元

定價350元

定價350元

定價350元

定價350元

定價350元

定價350元

定價350元

定價350元

定價220元

定價220元

定價220元

定價350元

定價220元

定價350元

定價350元

定價220元

定價220元

定價220元

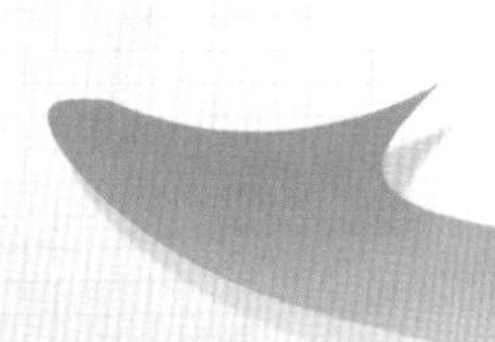

養生保健 古今養生保健法 強身健體增加身體免疫力

定價250元

定價250元

定價250元

定價220元

定價220元

定價200元

定價160元

定價180元

定價250元

定價250元

定價250元

定價250元

定價180元

定價420元

定價300元

定價250元

定價180元

定價200元

定價360元

定價360元

定價230元

定價250元

定價230元

定價250元

定價200元

定價250元

定價200元

定價400元

定價280元

定價400元

定價300元

定價300元

定價180元

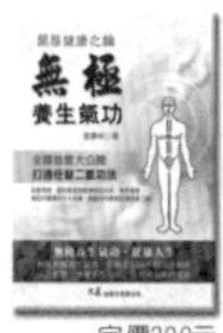

定價200元

定價200元

定價350元

定價400元

定價200元

定價280元

定價200元

定價180元

定價200元

定價280元

定價280元

定價200元

健康加油站

定價200元　定價180元　定價200元　定價200元　定價200元　定價200元

定價200元　定價200元　定價200元　定價200元　定價180元　定價180元

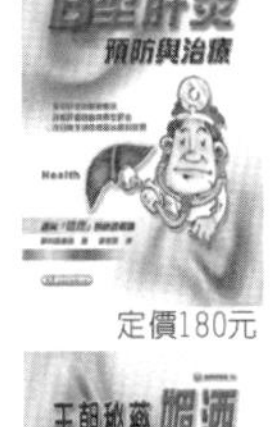

定價180元　定價180元　定價180元　定價180元　定價180元　定價180元

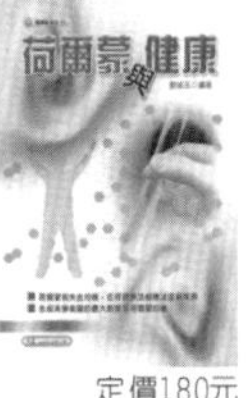

定價220元　定價180元　定價180元　定價200元　定價180元　定價200元

定價180元　定價180元　定價200元　定價200元　定價200元　定價200元

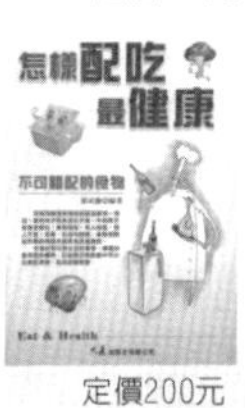

定價200元　定價350元　定價280元　定價230元　定價200元　定價180元

定價350元　定價180元　定價200元　定價200元　定價180元　定價300元

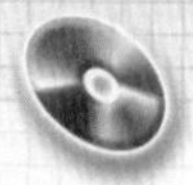

太極武術教學光碟

太極功夫扇
五十二式太極扇
演示：李德印 等
(2VCD)中國

夕陽美太極功夫扇
五十六式太極扇
演示：李德印 等
(2VCD)中國

陳氏太極拳及其技擊法
演示：馬虹(10VCD)中國
陳氏太極拳勁道釋秘
拆拳講勁
演示：馬虹(8DVD)中國
推手技巧及功力訓練
演示：馬虹(4VCD)中國

陳氏太極拳新架一路
演示：陳正雷(1DVD)中國
陳氏太極拳新架二路
演示：陳正雷(1DVD)中國
陳氏太極拳老架一路
演示：陳正雷(1DVD)中國
陳氏太極拳老架二路
演示：陳正雷(1DVD)中國
陳氏太極推手
演示：陳正雷(1DVD)中國
陳氏太極單刀・雙刀
演示：陳正雷(1DVD)中國

郭林新氣功
(8DVD)中國

本公司還有其他武術光碟
歡迎來電詢問或至網站查詢
電話：02-28236031
網址：www.dah-jaan.com.tw

原版教學光碟

歡迎至本公司購買書籍

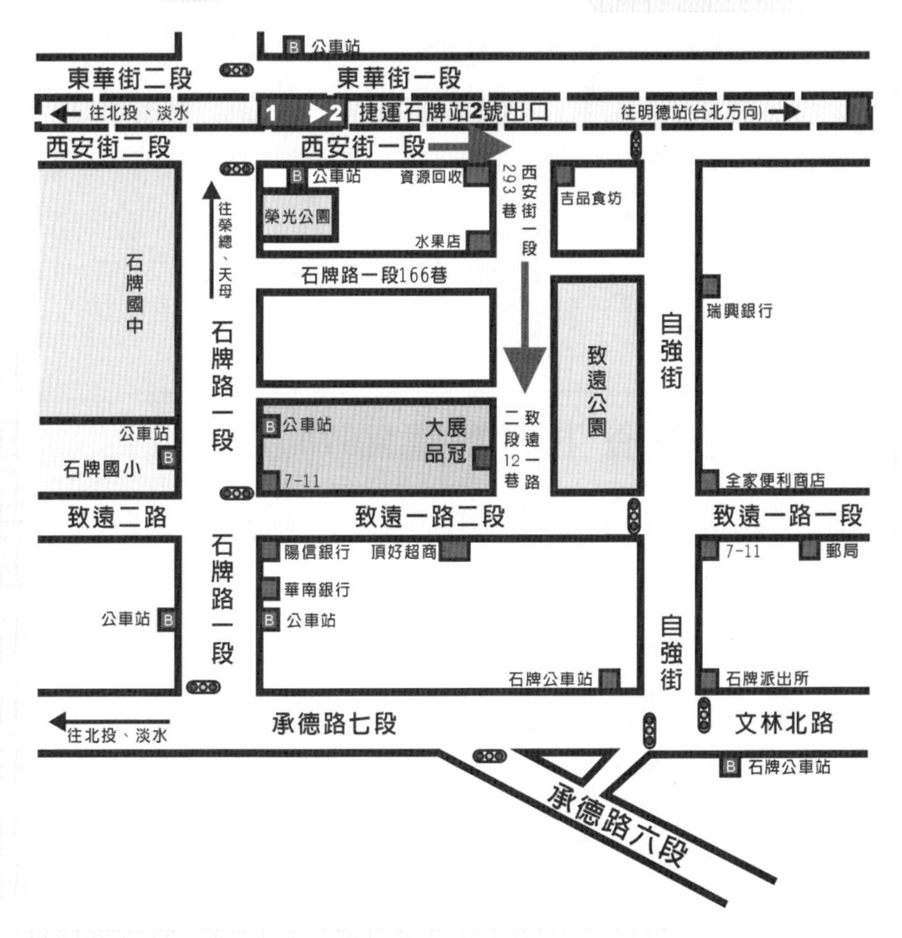

建議路線

1.搭乘捷運・公車

淡水線石牌站下車，由石牌捷運站２號出口出站(出站後靠右邊)，沿著捷運高架往台北方向走(往明德站方向)，其街名為西安街，約走100公尺(勿超過紅綠燈)，由西安街一段293巷進來(巷口有一公車站牌，站名為自強街口)，本公司位於致遠公園對面。搭公車者請於石牌站(石牌派出所)下車，走進自強街，遇致遠路口左轉，右手邊第一條巷子即為本社位置。

2.自行開車或騎車

由承德路接石牌路，看到陽信銀行右轉，此條即為致遠一路二段，在遇到自強街(紅綠燈)前的巷子(致遠公園)左轉，即可看到本公司招牌。

國家圖書館出版品預行編目資料

形意拳養生與實戰／張世杰　趙立文　著
——初版——臺北市，大展，2014[民103.07]
面；21公分——（形意・大成拳系列；1）
ISBN 978-986-346-027-5（平裝；附數位影音光碟）
1.拳術 2.中國
528.972　　103008819

形意拳養生與實戰 附DVD

著　　者／張 世 杰 趙 立 文
責任編輯／王 躍 平
發 行 人／蔡 森 明
出 版 者／大展出版社有限公司
社　　址／台北市北投區（石牌）致遠一路2段12巷1號
電　　話／(02) 28236031・28236033・28233123
傳　　真／(02) 28272069
郵政劃撥／01669551
網　　址／www.dah-jaan.com.tw
E-mail／service@dah-jaan.com.tw
登 記 證／局版臺業字第2171號
承 印 者／傳興印刷有限公司
裝　　訂／承安裝訂有限公司
排 版 者／千兵企業有限公司
授 權 者／山西科學技術出版社
初版1刷／2014年（民103年）7月

定　價／400元

大展好書　好書大展

品嘗好書　冠群可期